見る＋読む＝わかる イラスト六法

わかりやすい賃貸住宅

アパート・マンション・一戸建・店舗など賃貸建物の法律

弁護士 吉田杉明 著
山川直人 絵

自由国民社

はしがき

借家に関する主な法律は、民法および民法の特別法である借地借家法です。借家と言えば、一戸建てを想定される人もいるかもしれませんが、借地借家法上の借家とは、賃貸の建物であり、一戸建てだけではなく、アパート・マンション・事務所も含まれます。

民法はその「第3編・債権第7節」において賃貸借（601条～622条の2）の規定を設けていますが、これは貸借全般についての規定で、建物の賃貸借については、主に衣食住の住という生活上重要なことから、民法の特別法して借地借家法が制定されています（ただし、平成4年7月31日以前に成立している賃貸借契約は旧借家法によります）。したがって、この借地借家法は建物の賃借人を保護する規定となっています。

建物の賃貸借（借家）では、その契約から契約期間中の使用の問題、契約の更新・終了までさまざまな問題があります。

例えば、入居したら説明を受けた話と違う、隣室の住人が騒ぐ、契約の更新をしないと言われた、退去に当たって敷金を返還してくれないなど、そのトラブルは多種・多様です。

しかし、一般の賃借人はこうしたトラブルに対して、法律で

はしがき

どうなっているのか、どういう解決法があるのか等、あまりにもうとい人が多くいます。そのために、賃貸人の言いなりだったり、いたずらにトラブルがエスカレートするという場合もあります。

また、今日の建物の賃貸借は、そのほとんどが、不動産業者の仲介によりなされています。不動産業者の担当者によっては、法律的な誤解をなし、これが原因で、家主・借家人との間でトラブルを起こすこともあります。

その意味では、家主・借家人とも借家に関する基本的な法律知識を理解することが大切です。これによって無用な紛争を回避し、賃貸人（家主）の資産の適正な運用と賃借人（借家人）の生活・営業の基盤の確保が図れるものと思われます。

こうした意味をご理解の上、本書を紛争の予防あるいは解決のためにご利用頂ければ幸いです。ただし、法律的判断はケース・バイ・ケースで、必ずしも書物どおりにはいきません。何か問題があれば、専門家にご相談なさるようおすすめいたします。

なお、今改訂では、改正民法（令和2年4月1日施行）・最新資料などにより全編を見直すとともに、従来の「わかりやすい借家」から「わかりやすい賃貸住宅」に改題を行いました。より分かりやすく、役立つ内容となったものと確信します。

令和二年六月二〇日

弁護士　吉田　杉明

目次

序章　賃貸建物の基礎知識

第1章　アパート・マンション 一戸建て・ビル 賃貸借契約の要点

第2章　賃貸期間中の貸主と賃借人のトラブル

ビール

第3章 賃貸借契約の更新と更新拒絶のトラブル

第4章　賃貸借契約の終了とトラブル

第5章　賃貸建物のトラブルと解決法

序章・賃貸建物（アパート・マンション・一戸建て・ビル）の基礎知識

1.賃貸建物（借家）に関する法律

賃貸建物（借家）に関する法律には「民法」「借地借家法」とがあります。

民法
契約期間が満了したから立退いて！
そんなあ…
民法の定めはどちらかというと賃貸人（家主）の側に有利なものです。

借地借家法
立退いてください
正当事由もないのに立退けませんよ
借地借家法
借地借家法（旧・借家法）は、賃借人（借家人）の保護を目的にした特別法です。賃貸借についてのトラブルが訴訟になったときには、民法より借地借家法が優先されます。

借地借家法は平成4年8月1日に施行されました。それまでの借地法、借家法、建物保護法が廃止され、借地借家法に統一されたのです。借地借家法の施行前（平成4年7月31日以前）に契約された借家契約については、おおむね旧法が適用されます。

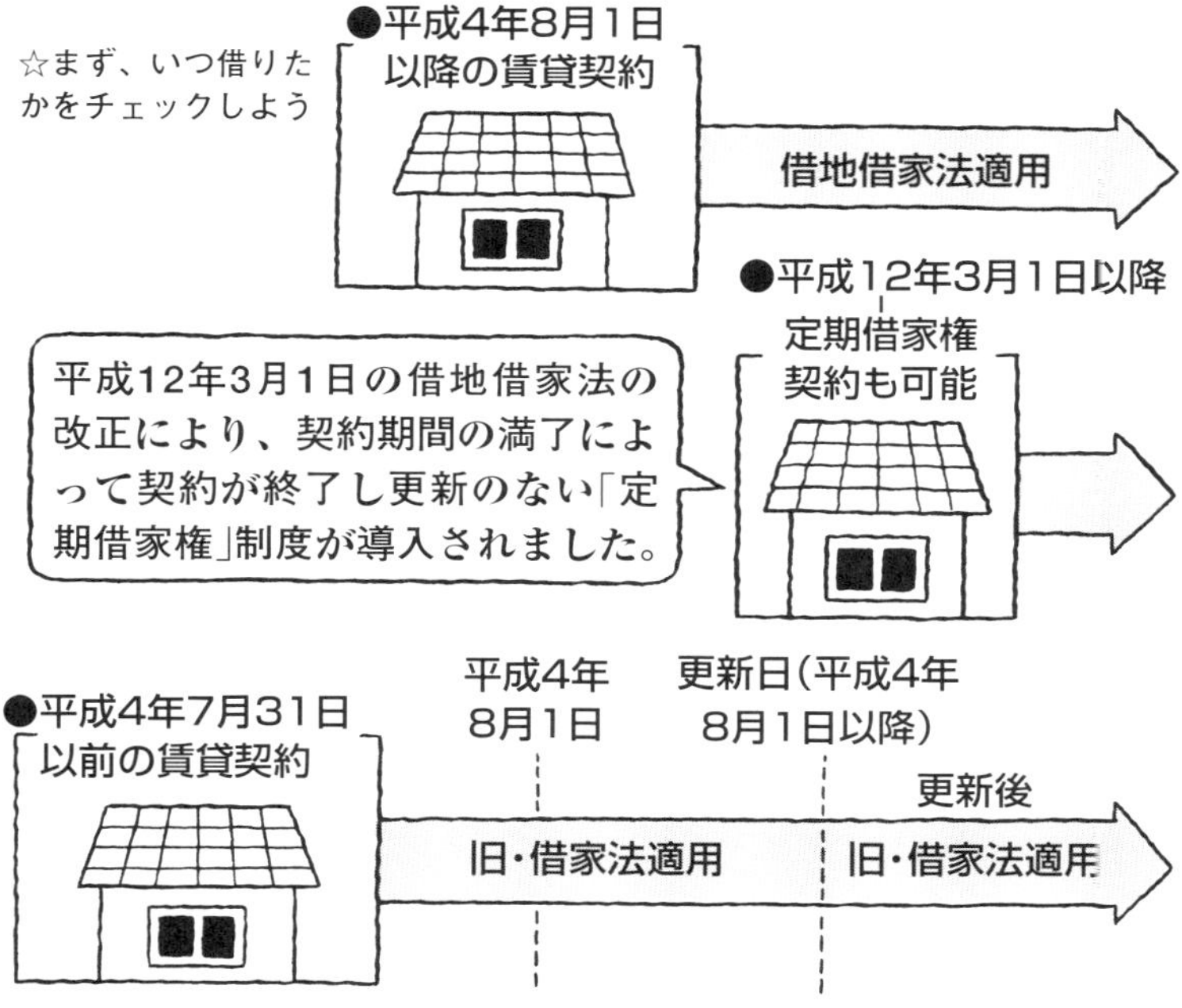

☆まず、いつ借りたかをチェックしよう
●平成4年8月1日以降の賃貸契約
借地借家法適用
●平成12年3月1日以降
定期借家権契約も可能
平成12年3月1日の借地借家法の改正により、契約期間の満了によって契約が終了し更新のない「定期借家権」制度が導入されました。
●平成4年7月31日以前の賃貸契約
平成4年8月1日
更新日（平成4年8月1日以降）
更新後
旧・借家法適用
旧・借家法適用

●賃貸建物（借家）についての民法の定め

家屋を借りる場合、使用貸借と賃貸借とがあり、このうち賃料を支払うのが賃貸借です。

民法の賃貸借規定では、期間の定めがなければ3カ月の期間をおいて解約の申し入れができ、また期間の定めがあるときは期間が満了すれば明渡しを請求できます。

民法第3編債権編第2章第7節（601条〜622条の2）に賃貸借の定めがあります。

●賃貸建物（借家）についての借地借家法の定め

民法の定めは、どちらかというと賃貸人に有利なものです。そこで制定されたのが借地借家法（旧・借家法）です。借地借家法は民法の賃貸借に関する特別法で、賃借人の保護を目的としています。建物の賃貸借についてのトラブルが訴訟になったときなどは、民法より借地借家法が優先されます。

借地借家法は平成4年8月1日から施行になりました。それまでの借地法、借家法、建物保護法が廃止され、借地借家法に統一されたのです。ただし、平成4年7月31日以前の建物の賃貸借契約については、おおむね旧法が適用されます。

借地借家法では、前記民法の解約とは異なる更新の規定を設けています（16ページ参照）。

●定期建物賃貸借制度の導入

平成4年8月1日の借地借家法の施行により、①転勤などで賃貸人不在期間の建物の賃貸借、②取壊し予定建物の賃貸借に限り、確定期限付き建物の賃貸借が認められました。

その後の平成12年3月1日の改正では、それを更に進めて、賃貸アパート、賃貸マンションなども含め賃貸建物全般に定期建物賃貸借契約が適用されるようになりました。

これまでの借家契約は、原則として契約期限がきても正当事由がなければ更新を拒否できませんでした。しかし、定期建物賃貸借制度の導入により「定期借家契約」をすれば、更新のない借家契約をすることができるようになったのです。

ただし、定期建物賃貸借契約は、公正証書などの書面によることが必要です。また、契約書とは別に、事前に書面を交付して「更新がなく期間の満了により終了する」ことを説明しなければなりません。この説明がなければ、従来の建物賃貸借契約をしたことになります

なお、定期建物賃貸借制度が使える建物賃貸借契約は、平成12年3月1日以降の新規契約です。それより前の契約を、定期借家契約に切り替えることはできません。

※定期建物賃貸借制度についての詳細は、44〜49ページをご覧ください。

Q 借地借家法制定の趣旨はなにか

借地借家法では一条は、本法の趣旨について以下のとおり定めています。

「この法律は、……並びに建物の賃貸借の契約の更新、効力等に関し特別の定めをするとともに……必要な事項を定めるものとする」

（……部分は借地に関する規定で省略）

この法律で借家については、第三章「借家」に規定があり、

第一節・建物賃貸借契約の更新等（26条〜30条）

第二節・建物賃貸借の効力（31条〜37条）

第三節・定期建物賃貸借等（38条〜40条）（いわゆる定期借家権）

となっています。

なお、借地借家法は民法の特別法であり、民法の規定と比較すると、借地契約の更新などで、借地人保護の色彩が強く出ています。

2.建物の賃貸借契約と賃貸人・賃借人が負う義務

「建物（借家）」には一戸独立の家屋だけでなくアパートや賃貸マンション事務所なども含まれます。
不動産
賃貸人
賃借人
契約
契約
借家契約は口頭によっても成立しますが、不動産業者を通して貸主と借家人が契約書を作成するのが一般的です。
※賃貸借契約の手続きの詳細は第1章で解説します。

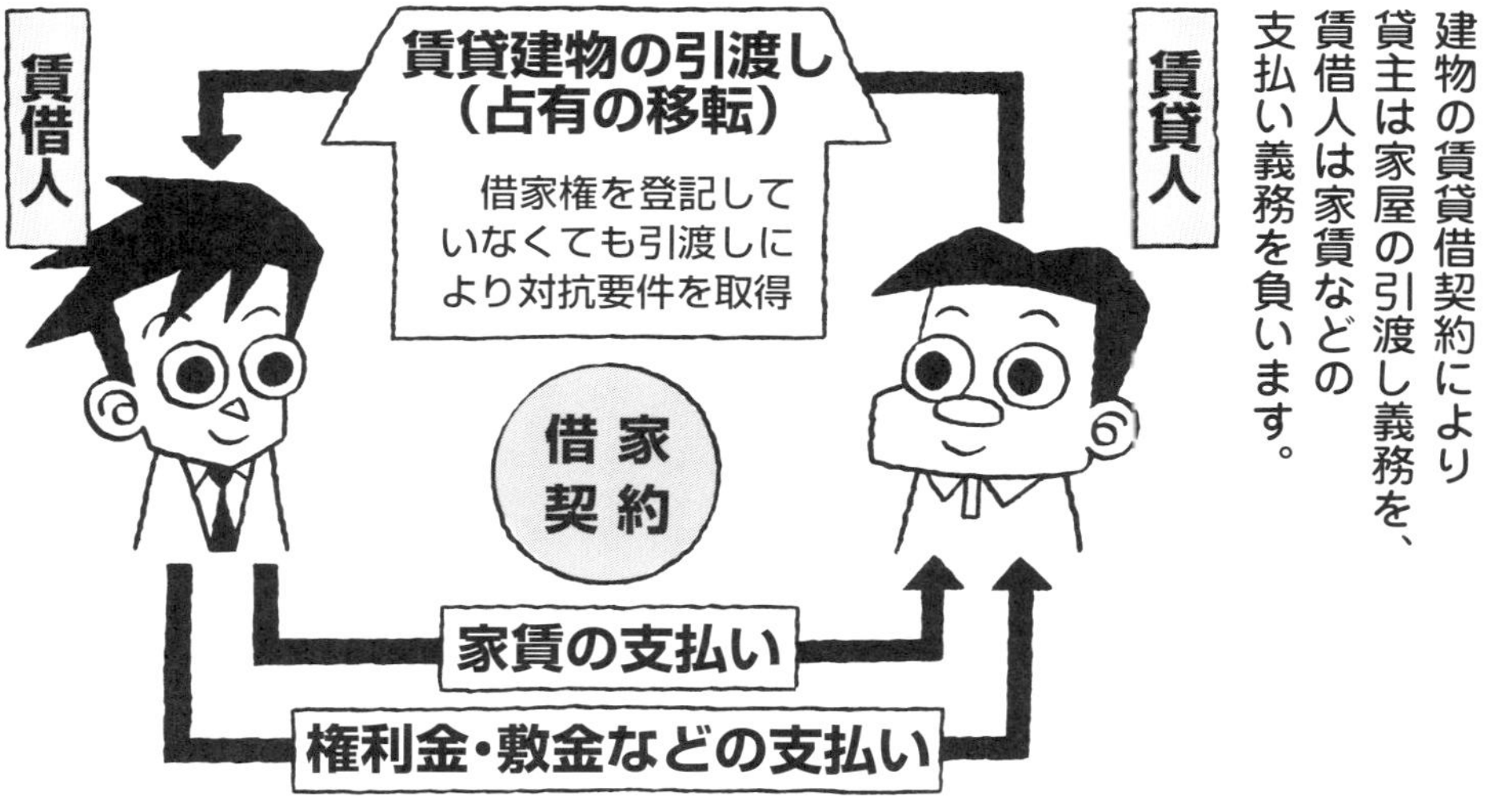

建物の賃貸借契約により貸主は家屋の引渡し義務を、賃借人は家賃などの支払い義務を負います。
賃貸人
賃借人
賃貸建物の引渡し（占有の移転）
借家権を登記していなくても引渡しにより対抗要件を取得
借家契約
家賃の支払い
権利金・敷金などの支払い

借地借家法の適用を受ける建物の賃借権を「借家権」といいます。
借地借家法による保護
賃借権
借家権を持つ賃借人は借地借家法によって保護されます。

●アパートや賃貸マンションも借家

借地借家法が適用される「借家」とは、一戸独立の建物だけをいうのではありません。一戸建てはもちろん、アパート、マンション、事務所など建物の一部であっても、構造上の独立性、独立占有できる構造と規模を有するものをいいます。ふすまや障子で仕切られたにすぎない間借り、下宿などには独立性がないとされ、原則として借地借家法の適用はありません。

●建物の賃貸借（借家）契約の成立

借家契約の成立には、以下の要件が必要です。

①目的物の特定
②賃料額
③賃貸期間の合意

このうち②の賃料額が無料のときは使用貸借となり、借地借家法の適用はありません。また、③の賃貸期間を定めなくても契約は成立しますが、貸主が賃貸契約を解消するためには6カ月前に解約の申入れをすることが必要です。

契約により貸主は賃借人に対して当該家屋の引渡し義務を負い、賃借人は引渡し（カギの受取りなど）によって、第三者に対して対抗要件を取得（自分に賃借権があることを主張できる）します。

なお、建物の賃貸借（借家権）は登記の必要はありません。

●建物の賃貸借契約による賃借人のメリット

建物の賃貸借契約により借地借家法が適用されると、賃借人は借地借家法による保護を受け、さまざまなメリットがあります。

①賃貸期間満了まで、契約違反などによる契約解除がなされない限り明渡し義務はない。また、契約期間が満了しても、貸主側に正当事由がなければ明渡す必要はない（借地借家法28条）。ただし、定期建物の賃貸借契約（44～49ページ参照）では、期間の満了により契約は終了、明渡さなければならない。

②建物の引渡しがあれば、第三者に対する対抗要件（例えば、家主が変わっても新貸主に対して旧貸主に持っていたのと同じ権利を主張できる）を取得する（借地借家法31条）。

③この他、造作買取請求権（借地借家法33条）、家賃の増減額請求権（借地借家法32条）などの規定が適用になり、賃借人は保護の対象となる。

※現行の借地借家法が平成4年8月1日に施行され、それ以前の借家法、借地法、建物保護法は廃止されて借地借家法に統合されたものです。そのため、平成4年7月31日以前の契約には、おおむね旧法が適用されます。なお、新法の借地借家法では、定期建物賃貸借制度が導入されています。

Q　借家権とはなにか

借地借家法は、建物の賃貸借について適用される民法の特別法です。通常、この借地借家法の適用を受ける建物の賃借権を借家権といいます。

したがって、借家権の内容は、借地借家法が定める借家人が持つ権利（例・契約期間中は家主の一方的な事情により立ち退かなくてよいなど）ということになります。

ところで、借家というと、通常は一戸建ての家屋を想像する人が多いと思いますが、借地借家における借家は、本文でも触れましたが、一戸建てだけではなく、アパート、マンション、ビルなどの一室も含みますので注意が必要です。

つまり、建物（その一部の場合もある）の賃貸借の場合は、借地借家法が適用されることを、まず念頭に置いてください。

3.賃貸期間中に起きる問題と法律の定め

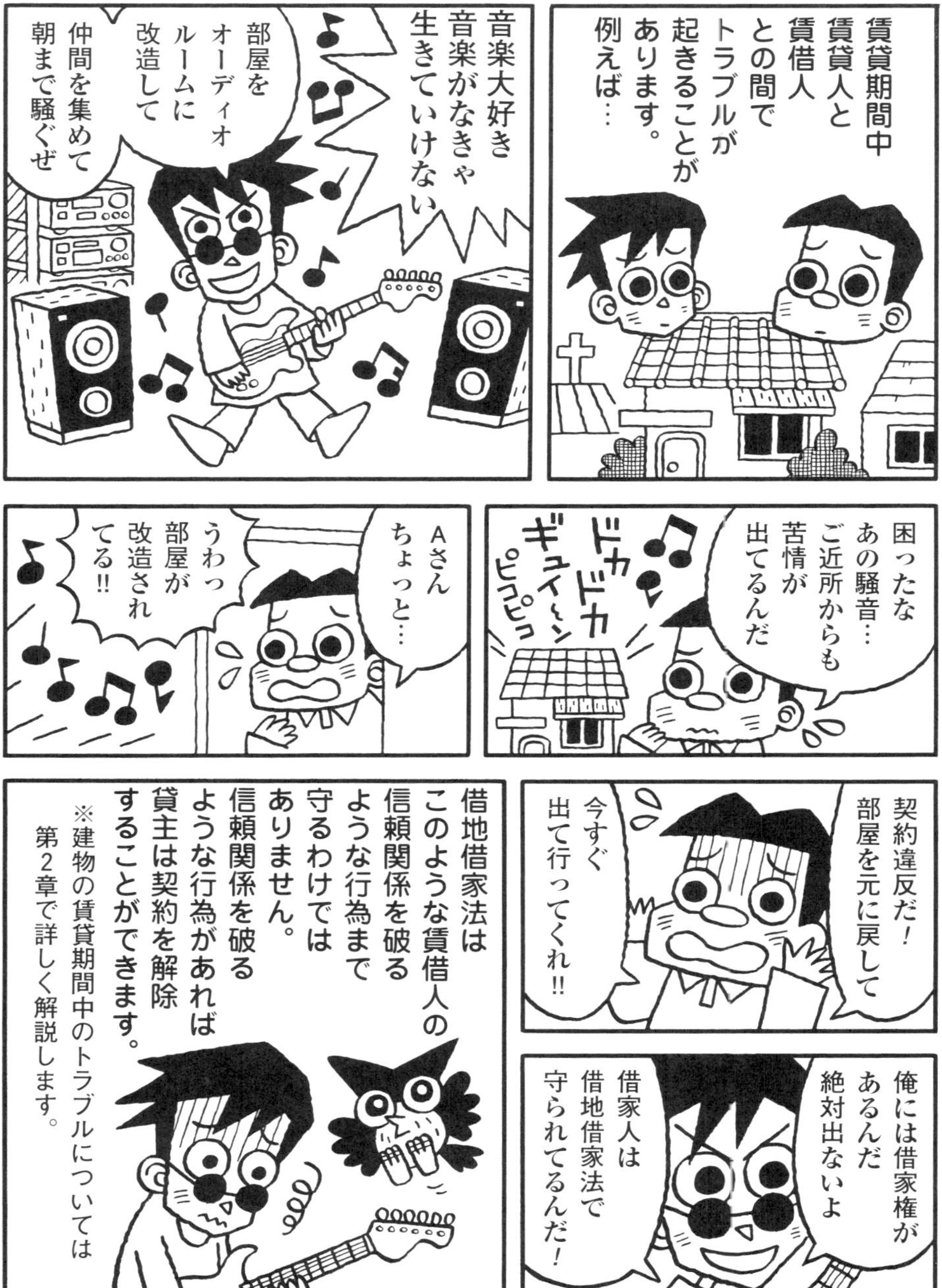
賃貸期間中賃貸人と賃借人との間でトラブルが起きることがあります。例えば…
音楽大好き音楽がなきゃ生きていけない
部屋をオーディオルームに改造して
仲間を集めて朝まで騒ぐぜ
困ったなあの騒音…ご近所からも苦情が出てるんだ
ドカドカ
ギュイ〜ン
ピコピコ
Aさんちょっと…
うわっ部屋が改造されてる!!
契約違反だ！部屋を元に戻して
今すぐ出て行ってくれ!!
俺には借家権があるんだ絶対出ないよ
借家人は借地借家法で守られてるんだ！
借地借家法はこのような賃借人の信頼関係を破るような行為まで守るわけではありません。信頼関係を破るような行為があれば貸主は契約を解除することができます。
※建物の賃貸期間中のトラブルについては第2章で詳しく解説します。

信頼関係を破るような行為があれば契約解除できる

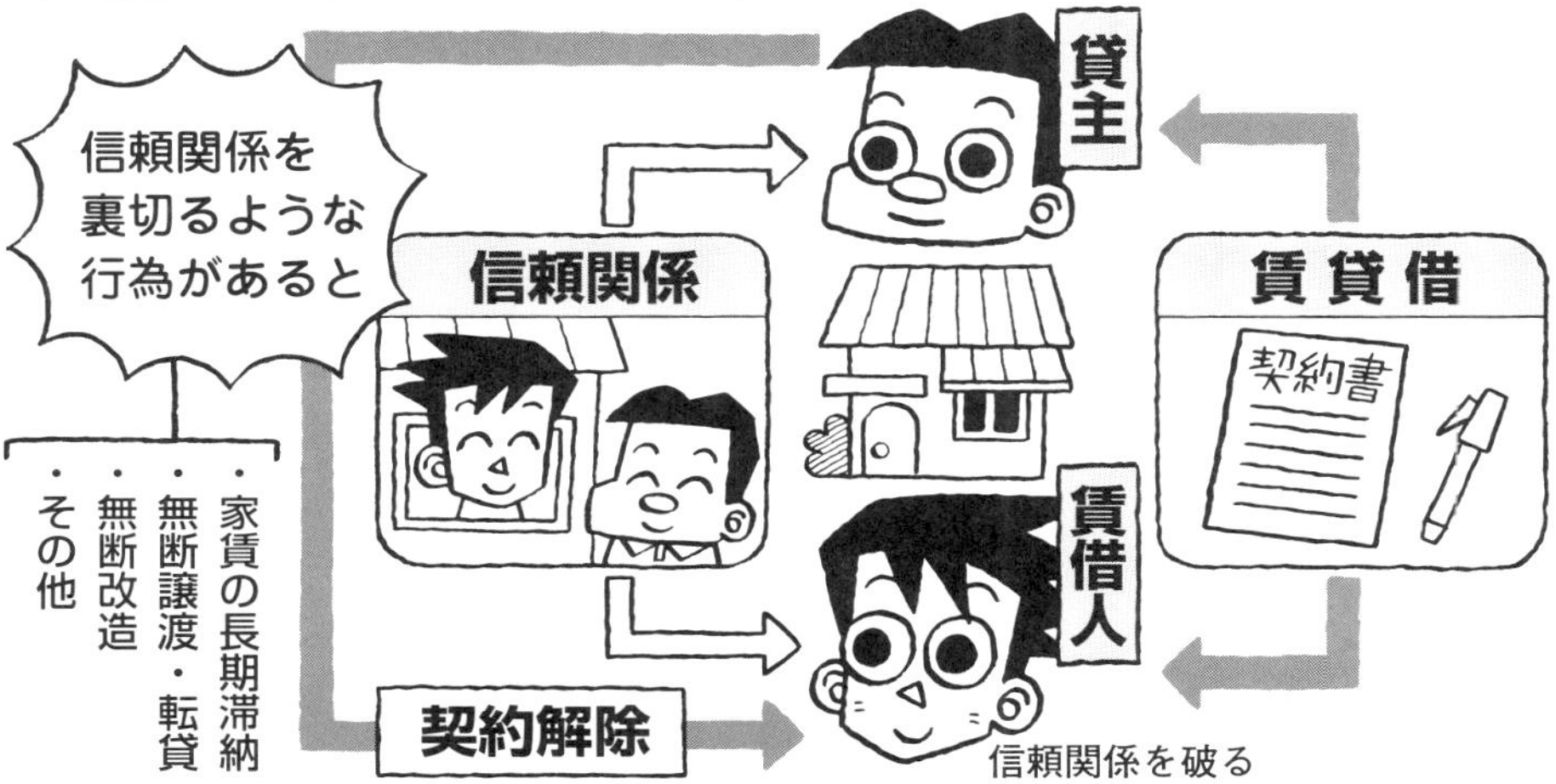
信頼関係を
裏切るような
行為があると
・家賃の長期滞納
・無断譲渡・転貸
・無断改造
・その他
信頼関係
貸主
賃貸借
契約書
賃借人
契約解除
信頼関係を破る

●賃貸期間中のトラブル

賃貸期間中のトラブルにはいろいろなケースがあります。詳しくは第2章で解説しますが、例えば次のようなものが考えられます。

・賃貸建物の修繕義務を賃貸人と賃借人のどちらが負担するか。
・賃借人の修繕の希望を貸主が許可するか。
・賃借人が契約で定められた賃料を支払わない、または支払えない。
・賃借人が賃借建物を粗雑に扱う。
・賃借人が賃借建物を家主に無断で改造した。
・賃借人が賃貸人に無断で借家を第三者に貸している。
・賃借人の不始末で借家で火災を起こした。
・契約をした賃借人が死亡したとき、その家族などが建物の賃借権(借家権)を相続できるか。
・賃借人が長期間、借家を留守にしている。

●建物の賃貸借契約の解除

賃借人の側に落ち度があることがはっきりしている場合、賃貸人はそれを理由として賃貸借契約の解除をすることができます。

また、こうした建物の利用で、信頼関係を破るような行為があれば、更新拒絶の一要素となります。

Q 賃貸期間の定めはどうなっているか

賃貸契約において、借家期間（いつからいつまで借りる）は必ず定めなければならないというものではありません。賃貸期間を定めなかった場合には、期間の定めのない契約となります。

また、賃貸期間を定める場合でも、定期建物賃貸借契約、取壊し予定の建物の賃貸借、一時使用の場合を除き、借家期間を1年未満とする定めはできず、この場合も期間の定めがないものとなります（借地借家法29条）。

期間の定めがある場合と期間の定めがない場合との違いは、貸主が契約を終了したいと思う場合の更新拒絶、解約の申し入れ（17ページ参照）等で異なります。

なお、賃貸期間の最長期間は無制限です。また、契約解除により賃貸契約が途中で終了することもあります。

4.契約更新・明渡しについての法律の定め

このアパートも古くなったから建替えたい
住人には立退いてもらおう

わかりましたそろそろ越そうかと思ってました
そんなこと急に言われてもこのアパート大好きなんだ絶対に出ないよ

一般の建物賃貸借契約の場合、賃貸人が更新を拒絶し賃借人に出て行ってもらうには「正当事由」が必要です（借地借家法28条）。ただ単に「古いアパートを建直したい」などという理由では正当事由として認められません。

やだよ〜

※ただし、定期建物賃貸借契約の場合は契約期間の満了で契約は終了します（11ページ参照）。

家賃値上げ
そりゃないよ
なお賃貸契約を更新するときも
・家賃の増減額
・更新料
などが問題になり（第3章で解説）、

敷金返して
あんたずいぶん汚したろ
契約を終了して明渡すときには
・敷金の返却
・保証金の返却
・造作の買取り
・原状回復義務
などが問題になります（第4章で解説）。

契約期間満了に伴う契約更新、明渡し、更新拒絶について法律では次のページのような定めがあります。

普通建物賃貸借契約 → **契約期間の満了**

賃借人の任意／双方の合意で → **明渡し**

賃借人が期間満了で任意に立退く場合、あるいは賃貸人の要求に応じて明渡す意思表示をした場合、賃貸借関係は終了します。

使　用　継　続 → **法定更新**

賃貸人の方から賃貸借関係を続けない(終了したい)という通知をしない限り、期間が終わっても賃貸借関係は自動的に続くことになっています(借地借家法26条)。

更新拒絶

正当事由あり → **明渡し**

賃貸人が更新を拒絶し、有効に賃貸借関係を終了させるためには正当事由（賃貸人が明渡しを求めるのがもっともだという理由）が必要です（借地借家法28条)。

正当事由なし → **法定更新**

正当事由は、なかなか認められない傾向にあります。

・期間の定めがある場合、更新拒絶をするためには6カ月～1年前には更新拒絶の通知をする
・期間の定めがない場合、6カ月前までに解約の申し入れをする。

定期建物賃貸借契約 → **期間満了** → **明渡し**

定期借家契約に更新はなく、契約期間が満了すれば明渡しとなります。ただし、手続きは必要です（144ページ参照)。

Q 「更新拒絶」と「解約の申し入れ」とは

賃貸人が、建物の賃貸借契約で期間の定めがある場合に、更新をしたくないときの手続きが「更新拒絶」です。

これは期間の満了の1年前から6か月前までの間に家主が契約を更新しない旨（更新拒絶）の通知をしなければなりません。

一方、期間の定めがない場合には、期限がないのですから更新もあり得ず、したがっていつでも解約の申し入れができ、解約申し入れから6か月経過後に賃貸借契約は終了します。

ただし、前記の期間満了に伴う更新拒絶、あるいは期間の定めのない場合の解約の申し入れは、正当事由（118ページ以下参照）がある場合に限られます。

なお、定期建物賃貸借の場合には、賃貸期間の満了で契約は終了します。

5.入居時の建物賃貸借契約による定め

住宅の賃貸借契約は貸主と賃借人だけでも成立しますがあいだに不動産業者が入るのが一般的です。

いわゆる不動産業者は正式には宅地建物取引業者（宅建業者）のことです。

宅建業者は不動産の売買・賃借の媒介（仲介）などを行います。

不動産会社（仲介業務）

不動産会社（宅建業者）には、宅地建物取引法の免許を持った宅地建物取引士（宅建士）を置かなければなりません。

宅建士は契約までの間に重要事項について書面を交付して口頭で説明する義務があり、実質的に賃貸借契約の締結をします。

（賃貸借契約書→第1章）

不動産管理会社とは？

賃貸マンションなどでは、貸主が管理会社と契約をして、賃貸物件の修繕やメンテナンス、清掃等の管理を委託する場合があります。費用は貸主が支払います。

家賃とは別に、共益費や管理費がある場合があります。この費用は共用部分の電気や水道代、エレベータの点検費用などに使われます。

賃借人は家賃だけではなく、共益費・管理費にも注意。

賃料が高いかどうかは、家賃に共益費や管理費を足した合計で判断するとよい。

◆宅地建物取引業者（宅建業者）

宅地建物取引業者（宅建業者）は、不動産の売買や賃貸不動産の媒介（仲介）等を行うことを業とする業者で、不動産屋と言われる会社です。賃貸業務の場合、賃貸物件の広告、賃貸希望者の応対、契約までをサポートします。
宅建業者は宅地建物取引業法による免許が必要です。免許には、国土交通大臣と知事免許があり、業者名簿が作成されていて無料で閲覧ができ、営業実績や苦情の有無などがわかります。

【宅地建物取引士（宅建士）】

宅地建物取引士（宅建士）は、宅地建物取引の事業所に必ず置かなければなりません。宅建士は国家試験である宅地建物取引士試験に合格し一定の研修を終えて免許を取得した人です。
契約前の重要事項説明は、宅建士が書面を交付して口頭で説明を行わなければなりません。契約成立には欠かせないのが宅建士です。

【賃借の場合の仲介手数料】

賃借の媒介（仲介）の場合の手数料は、借主・貸主の両方から受け取ることができ、上限額は合計で賃料の１か月分です。ただし、居住用の賃貸借の場合は、双方のそれぞれの上限額は０・５か月分です。

◆建物の賃貸借契約と重要事項の説明

建物を賃貸借する場合、賃貸借契約書を作成します。これは、建物の賃貸借に当たり、双方の約束事を記載した書面で、入居から入居期間中、退去時までのさまざまな約束事が記載されます。賃借人はこの契約に従って、賃貸建物の使用等をしなければなりません。ただし、契約内容をめぐり、争いとなることもあります。

【重要事項説明とその内容】

不動産業者（宅地建物取引業者）が行う仲介については、賃貸借契約を締結するまでの間に、宅地建物取引士が入居予定者に対して書面を交付した上で、重要事項について口頭で説明を行わなければならないことは上でも述べたとおりです。
重要事項説明等については宅地建物取引業法の35条に規定があり、概略は以下のとおりです。

・物件についての基本的なことの確認
登記記録の登記についての確認／法令に基づく制限の内容／飲用水等のインフラの整備状況など

・取引条件に関する事項
賃料以外の必要な金銭／契約の解除に関する内容／損害賠償額の予定や違約金の内容など
入居予定者は、わからないことや疑問に思うことがあれば、納得がいくまで説明を受けましょう。

Q 仲介手数料・管理費ゼロの物件

・仲介手数料無料
住宅都市整備公団などの物件は公団が入居者を募集しますので、仲介手数料はありません。また、同様に不動産会社が仲介&管理会社となって入居者を募集する場合、仲介料をゼロにするケースがあります。さらに、一日も早く入居してもらうために賃貸人が仲介料を負担することもあります。

・管理費の無料
管理費の設定は貸主側の自由ですので、管理費がゼロのケースもあります。ただし、家賃が高ければ借りている期間の支出は同じなので、近隣の同種の物件と比較してください。また、管理費を高くして家賃を低く設定するケースもありますので注意が必要です。
なお、居住用の建物の賃貸には消費税はかかりませんが、店舗や事務所用の賃借には消費税がかかります。

◆民法の賃貸借の改正（令和2年4月1日施行）

①賃借物の修繕の見直し　修繕義務は賃貸人にあるが、修繕しなければならない原因の責任が賃借人にある場合は修繕は賃借人が行う。また、賃借人が自ら修繕の行い費用を貸主に請求できる場合（貸主が修繕しないときや緊急のとき）について新設。（606条・607条の2）

②賃貸不動産の譲渡の明確化　賃貸借の建物が譲渡された場合、原則として、譲受人が新たな所有者となる。また、新たな所有者が、賃借人に賃料を請求するためには、所有権の移転登記が必要とする規定の新設。（605条・605条の2）

③現状回復義務の明確化　賃借人は、賃借物を受け取った後に生じた損傷については原状回復義務を負う。ただし、通常損耗や経年変化では原状回復義務を負わないことを明記した。（621条）

④敷金の明確化　敷金の給付について「賃借人が賃貸人に対する金銭の給付を目的とする債務の担保の目的」と定義し、退去時の返還額は、敷金額から金銭債務を控除した額とした。（622条の2）

⑤保証人の規定の新設　極度額（上限額）の定めのない個人の根保証契約は無効とし、主債務者・保証人の死亡でその後の債務については保証の対象外とした。（465条の2〜465条の4）

◆入居の契約から明渡しまで

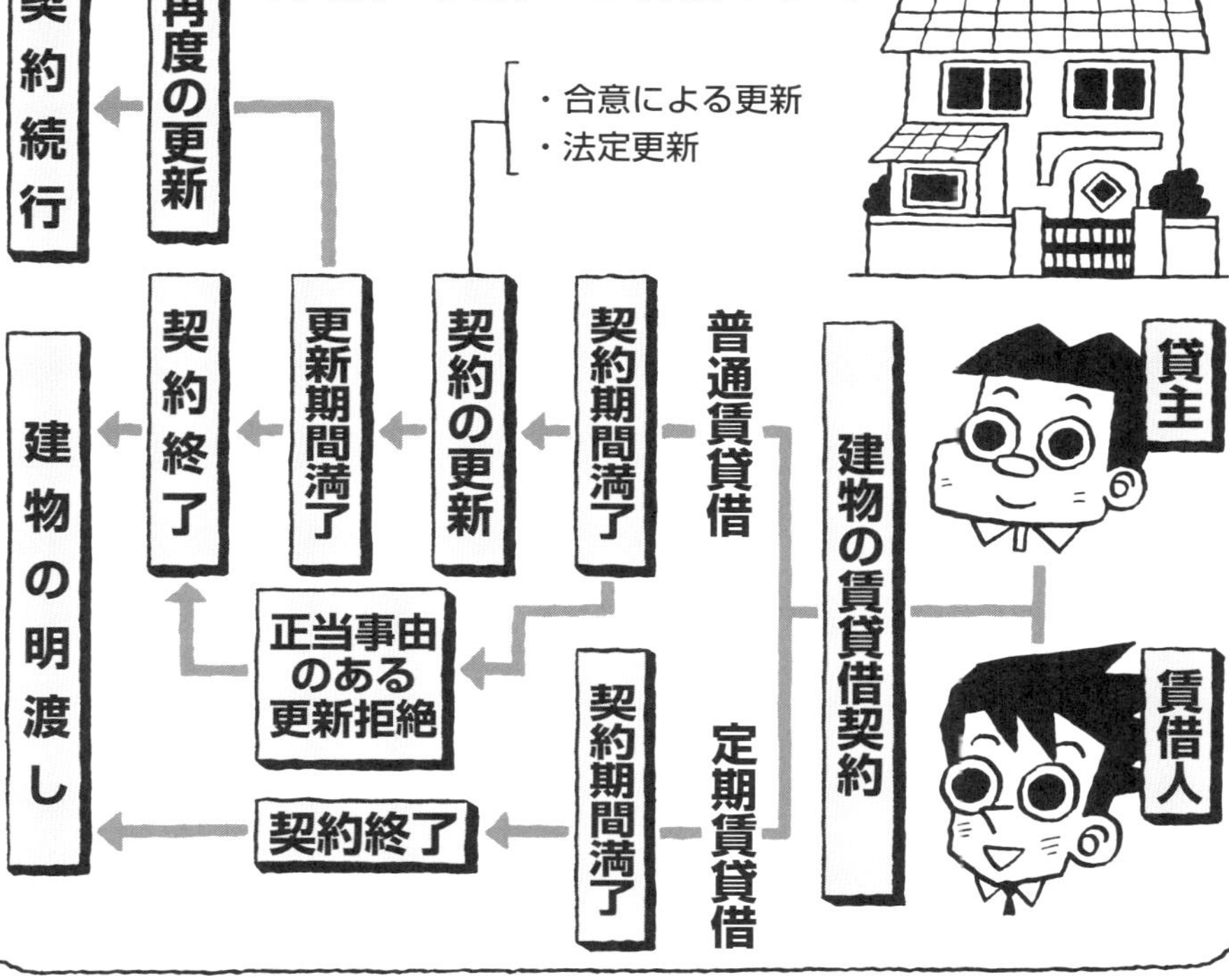

第1章・アパート・マンション 一戸建て・ビル 賃貸借契約の要点

1.賃貸住宅を借りるときのポイント

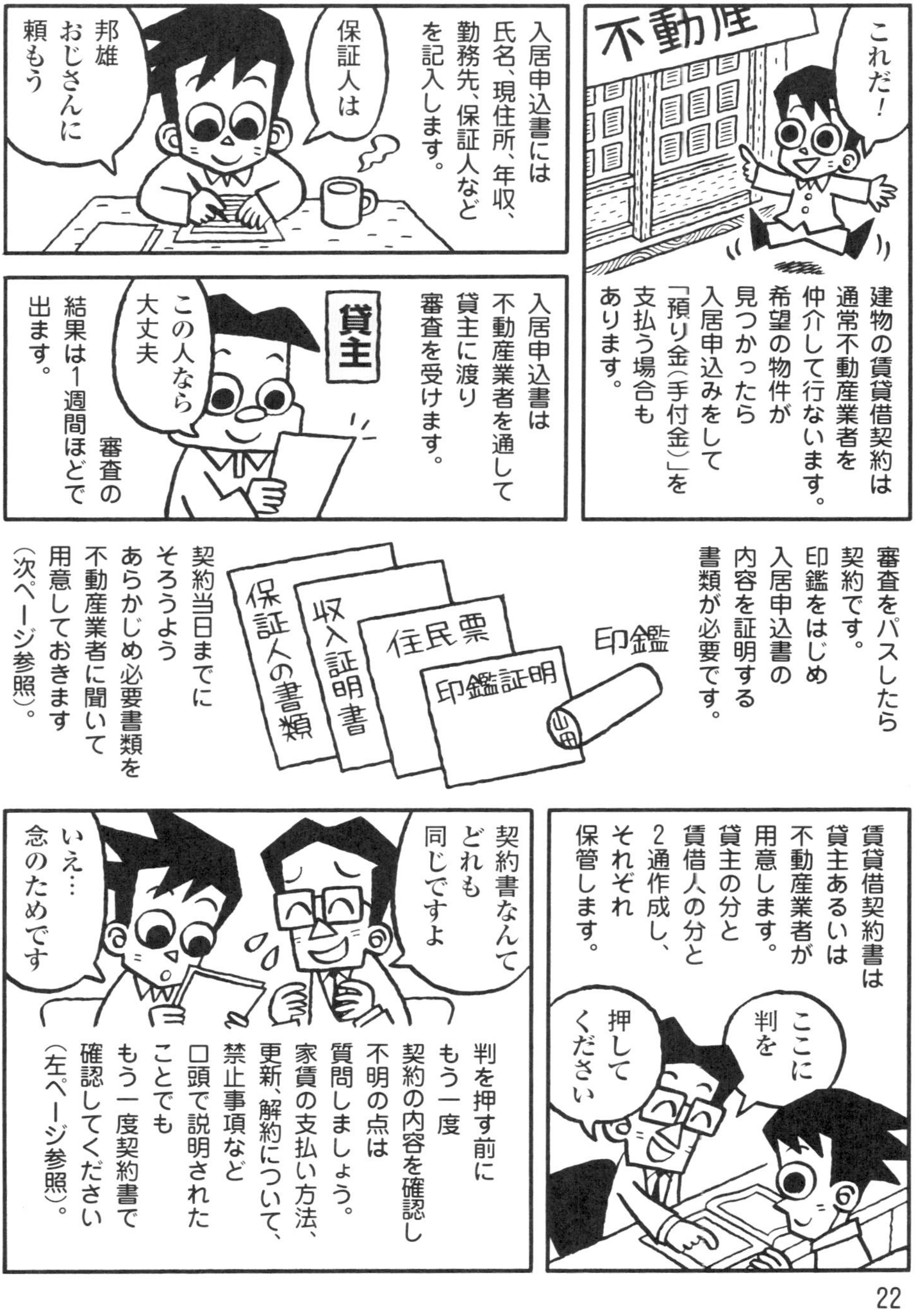

不動産
これだ!
建物の賃貸借契約は通常不動産業者を仲介して行ないます。希望の物件が見つかったら入居申込みをして「預り金(手付金)」を支払う場合もあります。
入居申込書には氏名、現住所、年収、勤務先、保証人などを記入します。
保証人は
邦雄おじさんに頼もう
入居申込書は不動産業者を通して貸主に渡り審査を受けます。
貸主
この人なら大丈夫
審査の結果は1週間ほどで出ます。
審査をパスしたら契約です。印鑑をはじめ入居申込書の内容を証明する書類が必要です。
保証人の書類
収入証明書
住民票
印鑑証明
印鑑
山田
契約当日までにそろうようあらかじめ必要書類を不動産業者に聞いて用意しておきます(次ページ参照)。
賃貸借契約書は貸主あるいは不動産業者が用意します。貸主の分と賃借人の分と2通作成し、それぞれ保管します。
ここに判を
押してください
契約書なんてどれも同じですよ
いえ…念のためです
判を押す前にもう一度契約の内容を確認し不明の点は質問しましょう。家賃の支払い方法、更新、解約について、禁止事項など口頭で説明されたことでももう一度契約書で確認してください(左ページ参照)。

●建物賃貸借契約に必要な書類

契約に当たって、賃借人の側が用意しなければならない書類があります。仲介の不動産業者に相談して、用意しましょう。

①住民票　住民票は、現在(引越し前)住民登録している区市町村役場で交付してもらいます。

②印鑑　契約書の押印に必要です。実印の場合は印鑑証明書（区市町村役場で交付）も必要です。銀行印でよい場合もあります。

③源泉徴収票など　源泉徴収票、住民税課税証明書、確定申告の写しなど「借家人の収入を証明できるもの」が必要な場合があります。賃借人が学生の場合は、保護者の書類が必要な場合があります。

④保証人　保証人とは、借家人に支払能力がなくなった場合に、金銭などの責任を肩代わりしてくれる人です。この契約は賃貸人と保証人との間の契約です。承諾をとった上で、必要な書類（「連帯保証契約書」、「印鑑証明書」など）を用意してもらいます。

なお、最近は**家賃保証会社**と契約するケースが多くなっています。賃借人が家賃滞納をした場合に賃借人に代わって家賃保証会社が支払いますが、その分は家賃保証会社から請求される（求償）ことになります。家賃保証協会は、保証人がいないなどの場合に役立ちますが、家賃滞納者に強引に立退きや弁済を迫るなどの問題もあります。

⑤その他　不動産業者から指定のあったもの。

●建物賃貸借契約書のここを確認

①家賃の支払い方法　家賃の支払いは、賃貸人に直接支払う方法と、不動産業者を経由して支払う方法とがあります。また、振込みか持参かも確認しましょう。

②契約の開始日・期間　家賃は契約開始日から支払わなくてはなりません。いつにするかは、不動産業者と相談しましょう。また、契約期間は2年が一般的ですが、これも確認が必要です。

③更新・解約　契約を更新するときの更新料の有無や支払い方法。また、解約するときの家主への解約予告の期間（契約終了の1カ月前が一般的）を確認してください。

④禁止事項　禁止事項としてよくあるのは「ペットの飼育」「ピアノの持込み」「部屋の改装」「第三者への部屋の貸与」「石油ストーブの使用」などです。賃借人はこれらに従う義務があり、これらを守らないと立退きをさせられることもありますので注意が必要です。

⑤その他　物件の所在地や構造、間取り、占有面積、部屋番号、それまでの話合いや物件の下見ではわからなかったものなど、もう一度確認してください。

Q　不動産業者の重要事項説明義務とは

賃貸住宅を借りる場合、通常、不動産業者の仲介によります。

不動産の賃貸を仲介する業者は、借りる希望者に対し、物件に関する重要事項について、宅地建物取引士が書面を交付して説明をする義務があります（宅地建物取引業法35条）。

この説明の必要がある重要事項は、①建物の所有者の氏名、②賃貸借であること、③電気・ガス等の施設の整備の状況、④賃料その他の金銭、⑤契約解除に関する条項、⑥損害賠償額の予定または違約金に関する事項、⑦国土交通省令で定める事項など、となっています。

なお、重要事項について説明をしないと不動産業者は、営業の停止処分（一部停止も含む）を受ける場合もあります。

2.賃貸住宅を貸すときのポイント

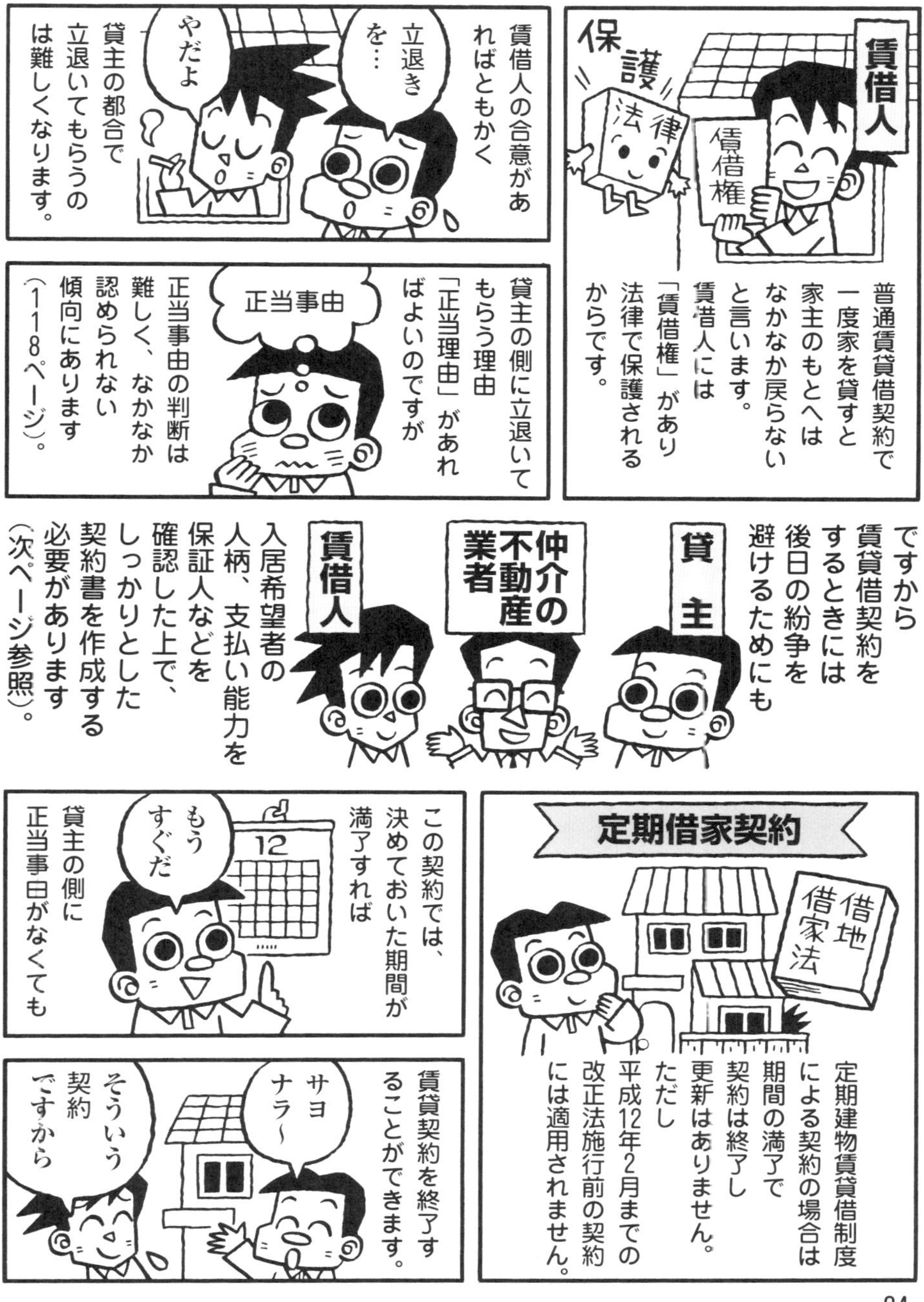

賃借人
保護
法律
賃借権
普通賃貸借契約で一度家を貸すと家主のもとへはなかなか戻らないと言います。賃借人には「賃借権」があり法律で保護されるからです。
賃借人の合意があればともかく
立退きを…
やだよ
貸主の都合で立退いてもらうのは難しくなります。
貸主の側に立退いてもらう理由「正当理由」があればよいのですが
正当事由
正当事由の判断は難しく、なかなか認められない傾向にあります（118ページ）。
ですから賃貸借契約をするときには後日の紛争を避けるためにも
貸主
仲介の不動産業者
賃借人
入居希望者の人柄、支払い能力を保証人などを確認した上で、しっかりとした契約書を作成する必要があります（次ページ参照）。
定期借家契約
借地借家法
定期建物賃貸借制度による契約の場合は期間の満了で契約は終了し更新はありません。ただし平成12年2月までの改正法施行前の契約には適用されません。
この契約では、決めておいた期間が満了すれば
12
もうすぐだ
貸主の側に正当事由がなくても
賃貸契約を終了することができます。
サヨナラ～
そういう契約ですから

●建物の賃貸借契約をするときの注意点

①建物の賃貸借契約は口頭でも成立します。しかし、後日の紛争を避けるためにも契約書を作成しておいた方がよいでしょう（28ページ参照）。ただし、契約書にしてあっても、その内容が借地借家法、民法、および判例に抵触していると、契約の一部あるいは全体が無効とされることがあります。

②一時使用や使用貸借の場合、その旨を契約書で明確にしておく必要があります。また、契約書の表題が一時使用や使用貸借となっていても実体が一般の賃貸借と同様の場合、立退いてもらうにはやはり正当事由が必要です。

③毎月の家賃の額はもちろん、敷金、権利金、礼金、前家賃などについても明確にしておく必要があります（26ページ参照）。

④ペット飼育の禁止、修繕費用を借家人に負担させる、造作買取請求を借家人がしない、などの条件は「特約」として契約書で明確にしておく必要があります（60ページ参照）。

⑤家主としては、家屋を入居希望者に貸す前に次の点に気をつける必要があります。

・賃料の支払い能力はあるか
・入居者の本名の確認（運転免許証など）
・入居者の家族構成
・入居者が動物を飼うかどうか

●定期借家（定期建物賃貸借）制度

平成12年3月1日に施行された借地借家法の改正で、定期借家制度が導入されました。これは法律で定められた一定方式の契約書および手続きを踏むことにより、契約で定めた期間が過ぎたら、家主は正当事由の有無に関係なく借家契約を終了させることができるという制度です（借地借家法38条）。

それまでの借家契約では、使用貸借（＝無償）や短期間のショールームや貸別荘として一時的に建物を賃貸する以外は、家主は正当事由がないと借家契約の更新を拒めませんでした。

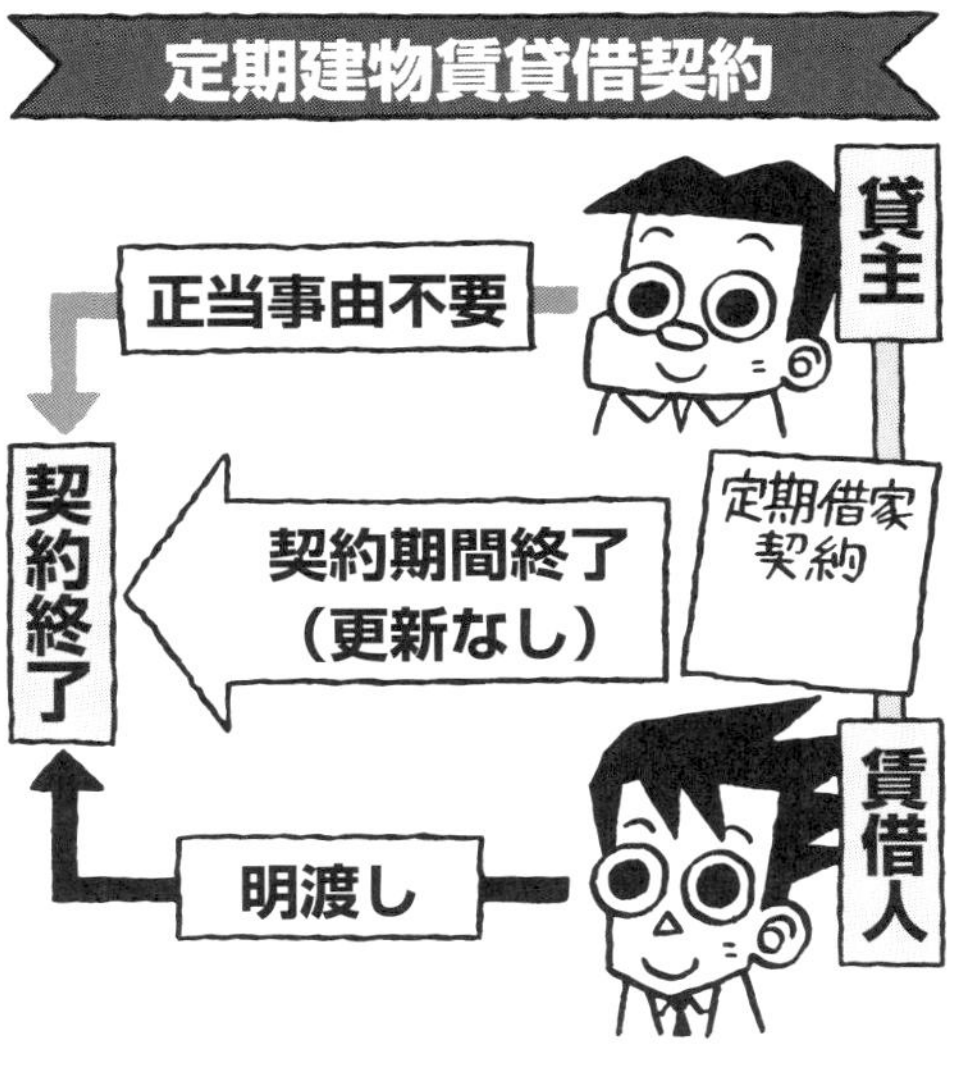
定期建物賃貸借契約
貸主
正当事由不要
定期借家契約
契約期間終了（更新なし）
契約終了
賃借人
明渡し

Q 「使用貸借」「一時使用」とは

●使用貸借とは

他人のものを無償（タダ）で借りる契約を使用貸借と呼び、使用貸借契約によって発生する借主の権利を使用借権といいます。

建物の使用貸借には借地借家法の適用はありません。したがって、契約期間の満了あるいは解約によって使用貸借契約は終了します。

●一時使用とは

建物の賃貸借が一時的な使用を目的とすることが明らかな場合を一時使用貸借といいます。この場合には、借地借家法の「第三章 借家」に関する規定は適用されず（40条）、家主と借家人の合意がないかぎり契約は期間満了によって終了し、更新はありません。

一時使用か否かの判断は、賃貸借の期間が短いというだけではなく、賃貸借の目的、動機、その他の諸般の事情を考慮してなされます。

3.建物の賃貸借契約と金銭問題

賃貸住宅契約のときには通常家賃の6カ月分程度のお金をまとめて支払うことになります。
今日は契約だ
銀行
○×△銀行
その内訳は、敷金、礼金、前家賃、仲介手数料などですが
敷金
礼金
仲介手数料
前家賃
家主や不動産業者、その地方の慣習などによって違います。
例えば敷金ですが…
敷金の意味
入居時、家賃不払いなどの場合の担保として
退去時、修繕費などを差引いて返却
関東では家賃の2カ月分が相場ですが…
てやんでい2カ月分だ！
はい
ほな10カ月分いただきますわ
えっ
関西では10カ月〜10数カ月分などのところが多いようです。
そのほか、契約により損害保険料、鍵の付替え料などが必要なこともあります。
全部で72万円ですね
あらかじめ不動産業者に聞いて契約当日までに用意しましょう。
なお、最近は「礼金なし」を売り物にした物件もあるようです。

建物の賃貸借契約時の金銭の授受

① 権利金

権利金は賃貸借契約が結ばれるときに、場所的な利益の対価として、あるいは賃料の前払いとして賃借人から貸主に支払われるもので、一般的には貸主が賃借人に返す必要はありません。「権利金なし」の物件も増えています。

② 敷金

法律的に言えば「債務不履行などが賃借人側にないことを返還の停止条件として金銭の所有権が信託的に移転されたもの」であり、貸主にとって家賃不払いなどの場合の担保的意味を持ちます。退去時に、未払い家賃、修繕費などを差引いて賃借人に返還されます。関東では家賃の2カ月分が一般的で、ペット飼育ＯＫなどの物件では「プラス1カ月分」といった条件で可能になることもあります。関西では十数カ月から数十カ月分などが多いようです。

③ 礼金

賃借人が貸主に対して貸してくれたことのお礼のような意味で支払うものです。契約が終わっても、貸主は賃借人に返す必要がありません。家賃の1、2カ月分が相場ですが、最近では「礼金なし」の物件も増えているようです。

④ 仲介手数料

物件を仲介してくれた不動産業者に、賃借人が支払う手数料です。家賃の1カ月分が上限とされています。

⑤ 前家賃

契約日、あるいは入居可能日から、次回の支払い日までの家賃を日割りで計算し、支払います。最大で家賃の1カ月分です。

⑥ 保険料

損害（火災）保険への加入は任意ですが、不測の事態に備えて加入しておいた方がよいかもしれません。損害保険への加入を、契約の条件としているところもあります。2年間で2～3万円が一般的です。

⑦ 鍵の付け替え料

防犯対策として、鍵の付け替えを求められることがあります。1～2万円程度です。

⑧ 保証金

ビルの貸事務所、店舗などの賃貸借契約の場合に、保証金が必要なことがあります。一般に契約終了時まで返還せず、不払いや損害に備えて担保します。期間に応じて貸主が一部を取得（消却）し、無利息、といった性質があります。保証金は多額で、その扱いもその物件、契約の内容によって異なります。

Q 金銭に関する契約のポイント

アパートやマンションを賃貸する場合に、契約する側は、その費用はトータルでいくらかかるかなどについては、十分考慮しますが、その内容となると、いま一つ検討が足りないようです。

例えば、敷金や保証金における一部償却などの問題です。また、更新料に関する規定がどうなっているかなどです。こうした点については、通常、契約書に記載がありますので、納得ができるまで、聞くことです。

また、契約は双方の合意により成立するものですから、条件を代えてもらうこともできます。後でトラブルとなるよりも、契約時に問題点はクリアにしておくことが大切です。

4.建物の賃貸契約書の作り方

契約書は、通常、
貸主側が用意します。
2通作成して
貸主と賃借人が
それぞれ保管します。
不動産業者
おまかせください
実際には、仲介の
不動産業者が用意し
契約手続きをも
代行することが多い
ようです。

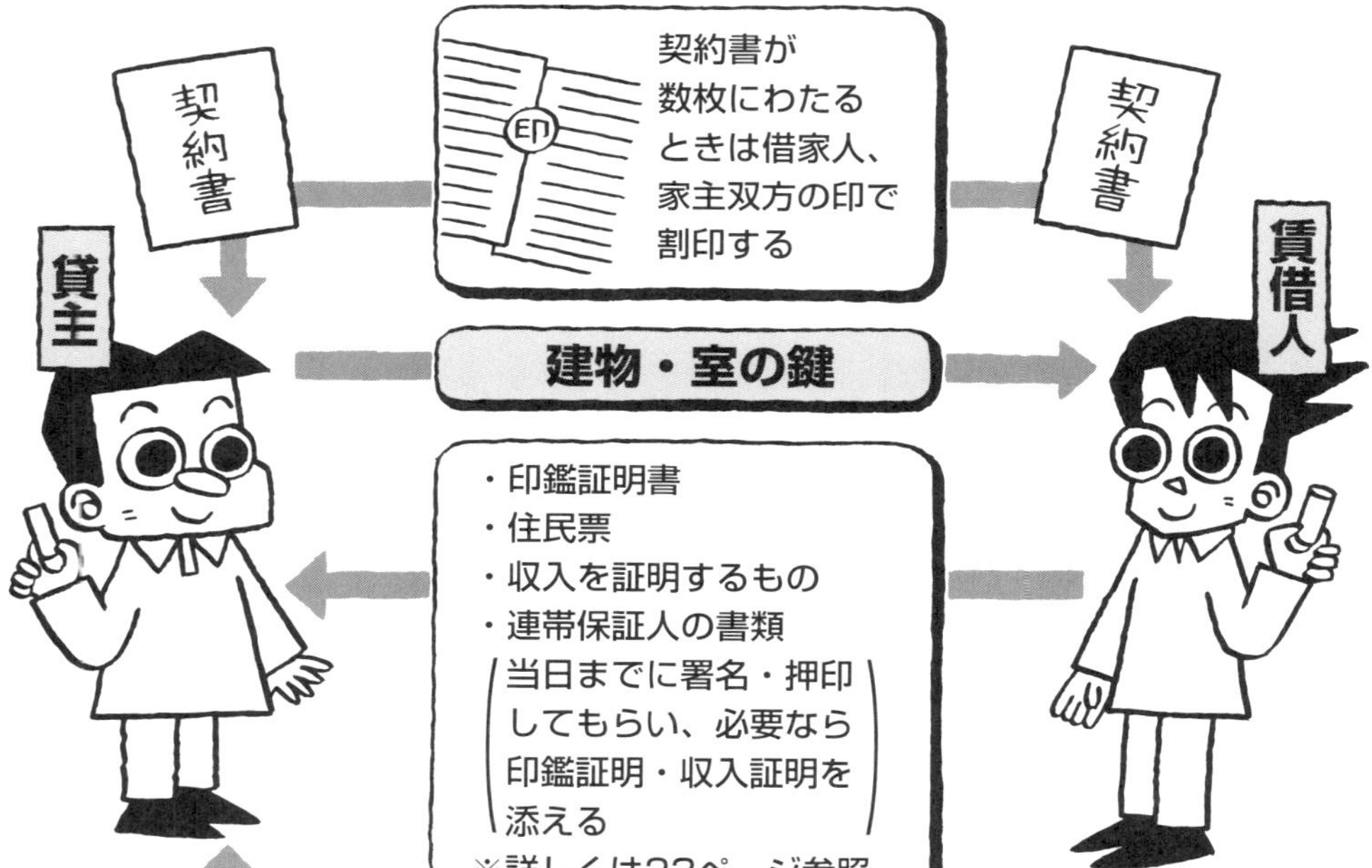
契約書
契約書
貸主
賃借人
印
契約書が数枚にわたるときは借家人、家主双方の印で割印する
建物・室の鍵
・印鑑証明書
・住民票
・収入を証明するもの
・連帯保証人の書類
（当日までに署名・押印してもらい、必要なら印鑑証明・収入証明を添える）
※詳しくは23ページ参照
敷金・礼金・前家賃など

賃貸借契約書の
記載内容は
賃貸物件の形態、
使用目的によって
変わります。
契約書
30ページから
いくつかサンプルを
掲載しますので
参考にしてください。

なお、契約書に
貼る印紙は不要
（不課税）です

賃貸借契約書

甲野太郎を甲とし、乙野次郎を乙として、次のとおり建物賃貸借に関する契約を締結する

第１条　○○○○○○○○○○○○○○○○○○○○○○
　〜　　○○○○○○○○○○○○○○○○○○○○○○
　　　　○○○○○○○○○○○○○○○○○○○○○○

平成○年○月○日

賃貸人(甲)	住所	○○○○○○	
	氏名	甲野　太郎	㊞
賃貸人(乙)	住所	○○○○○○	
	氏名	乙野　次郎	㊞
連帯保証人	住所	○○○○○○	
	氏名	丙野　三郎	㊞

●建物賃貸借契約書作成のポイント

記載するのは、次のような事項です。

①建物の表示（必ず記載）
②賃料額（必ず記載）
③賃貸期間（必ず記載）
④使用目的
⑤共益費
⑥敷金
⑦譲渡および転貸の禁止
⑧修繕
⑨契約の解除
⑩明渡し
⑪家主の立ち入り
⑫連帯保証人（極度額の記載が必要）
⑬その他の特約事項

なお、記載事項が借地借家法、民法、および判例に抵触していると、その部分、あるいは契約の全体が無効とされることがあります。

②の賃料額が無料のときは使用貸借となり、借家法・借地借家法の適用はありません。

③の賃貸期間は、一時使用の場合を除き、1年未満の期間を定めたときは期間の定めがないものとされます（定期借家契約では1年未満も可能）。また、借家の最長期間は50年（令和2年3月31日以前の契約は無制限）です。

Q 「特約」とはなにか

契約では必ず定めなければならない事項と、合意により特に定める事項（特約）があります。

通常、建物賃貸借契約を結ぶ場合には、さまざまな特約が付されます。

しかし、子供が産まれたら立ち退くといった契約や家主の求めがあれば、いつでも立ち退くといった特約、あるいは普通建物賃貸借契約で更新は一切みとめない、といった特約は、無効となります。

この有効あるいは無効かの判断は、法令違反〈信義誠実の原則に反するなど〉、その特約を定めることに合理的理由があるかどうかによってなされます。また、借地借家法30・37条では、無効となる場合について定めています。

なお、特約の有効か無効かについては、60ページ以下を参照してください。

5.建物の普通賃貸契約書のサンプル

平成5年1月29日住宅宅地審議会により「賃貸住宅」標準契約書が発表され
この形式が一般化しています
ここに掲載の一覧表を頭書として
以下19条からなる契約条項があります

普通建物賃貸借契約／サンプル 1

賃貸住宅標準契約書

（国土交通省：平成30年3月版）

（頭書）

(1) 賃貸借の目的物

建物の名称・所在地等	名称	※建物の名称（○○マンション、○○荘など）を記入する。			
	所在地	※住居表示を記入する。			
	建て方	共同建 長屋建 一戸建 その他	構造	木造 非木造（　　　）	工事完了年
				※建物事態の階数を記入する。　階建	年 〔大修繕等を〕 〔　　　〕年 〔実施〕
			戸数	※建物内にある住居の戸数を記入する。　戸	
住戸部分	住戸番号	号室	間取り	（　）ＬＤＫ・ＤＫ・Ｋ／ワンルーム ※部屋数を記入する。	
	面積	㎡	（それ以外に、バルコニー＿＿＿＿＿㎡）		
	設備等	トイレ	専用（水洗・排水洗い）　共用（水洗・排水洗い）		
		浴室	有・無	※各設備などの選択肢の該当するものに○をつけ、特に書いておくべき事項（設備の性能、消耗状況）があれば、この欄に記入する。	
		シャワー	有・無		
		洗面台	有・無		
		洗濯機置場	有・無		
		給湯設備	有・無		
		ガスコンロ・電気コンロ・IH調理器	有・無		
		冷暖房設備	有・無		
		備え付け照明設備	有・無		
		オートロック	有・無		
		地デジ対応・CATV対応	有・無		
		インターネット対応	有・無		
		メールボックス	有・無		
		宅配ボックス	有・無		
		鍵	有・無	（鍵No.　　　　・　　本）	
		使用可能電気容量	（　　　）アンペア　※使用可能電気容量の数字を記入する。		
		ガス	有（都市ガス・プロパンガス）・無		
		上水道	水道本管より直結・受水槽・井戸水		
		下水道	有（公共下水道・浄化槽）・無		
附属施設		駐車場	含む・含まない	＿＿＿台分（位置番号：＿＿＿＿）	
		バイク置場	含む・含まない	＿＿＿台分（位置番号：＿＿＿＿）	
		自転車置場	含む・含まない	＿＿＿台分（位置番号：＿＿＿＿）	
		物置	含む・含まない		
		専用庭	含む・含まない	※各附属施設につき、本契約の対象となっている場合は「含む」に、対象となっていないときは「含まない」に○をつける。	
			含む・含まない		
			含む・含まない		

(2) 契約期間

始　期	年　　月　　日から	年　　月間
終　期	年　　月　　日まで	

(契約終了の通知をすべき期間　年　月　日から　年　月　日まで)(注1)
※上記(注1)の部分は定期賃貸住宅契約の場合に必要で、普通賃貸住宅契約の場合は不要。
※「終期」の1年前から6月前までの間を記入。契約期間が1年未満については記入は不要。

(3) 賃料等

※該当するものに○をつける。

賃料・共益費		支払期限	支払方法	
賃　料	円	当月分・翌月分を 毎月　日まで	振込口座振替又は持参	振込先金融機関名： 預金：普通・当座 口座番号： 口座名義人： 振込手数料負担者：貸主・借主
共益費	円	当月分・翌月分を 毎月　日まで		持参先：
敷　金	賃料　か月相当分 円	その他一時金		
附属施設使用料	※賃料とは別に附属施設の使用料などを徴収する場合、その施設の名称、使用料額などを記入する。			
その他	※上記の欄に記入する金額以外の金銭の授受を行う場合、その内容、金額などを記入する。			

(4) 貸主及び管理人

貸　主 (社名・代表者)	住所　〒 氏名　　電話番号
管理業者 (社名・代表者)	所在地　〒 氏名　　電話番号 賃貸住宅管理業者登録番号　国土交通大臣(　　)第　　号

※借主と建物の所有者が異なる場合は、次の欄も記載すること

建物の所有者	住所　〒 氏名　　電話番号

(5) 借主及び同居人

	借　主	同　居　人
氏　名	(氏名) (年齢)　　歳 (電話番号)	(氏名)　(年齢)　歳 (氏名)　(年齢)　歳 合計　人
緊急時の連絡先	住所　〒 氏名　　電話番号　　借主との関係	

(6) 連帯保証人及び極度額

連帯保証人	住所　〒 氏名　　電話番号
極　度　額	

契約条項

（※別表は省略）

（契約の締結）

第１条　貸主（以下「甲」という。）及び借主（以下「乙」という）は、頭書(1)に記載する賃貸借の目的物（以下「本物件」という。）に以下の条項により賃貸借契約（以下「本契約」という。）を締結した。

（契約期間及び更新）

第２条　契約期間は、頭書(2)に記載するとおりとする。

２　甲及び乙は、協議の上、本契約を更新することができる。

（使用目的）

第３条　乙は、居住のみを目的として本物件を使用しなければならない。

（賃料）

第４条　乙は、頭書(3)の記載に従い、賃料を甲に支払わなければならない。

２　１カ月に満たない期間の賃料は、１カ月を30日として日割計算した額とする。

３　甲及び乙は、次の各号の一に該当する場合には、協議の上、賃料を改定することができる。

一　土地又は建物に対する租税その他の負担の増減により賃料が不相当となった場合

二　土地又は建物の価格の上昇又は低下その他の経済事情の変動により賃料が不相当となった場合

三　近傍同種の建物の賃料に比較して賃料が不相当となった場合

（共益費）

第５条　乙は、階段、廊下等の共用部分の維持管理に必要な光熱費、上下水道料、清掃費等（以下この条において「維持管理費」という。）に充てるため、共益費を甲に支払うものとする。

２　前項の共益費は、頭書(3)の記載に従い、支払わなければならない。

３　１カ月に満たない期間の共益費は、　1カ月を30日として日割計算した額とする。

４　甲及び乙は、維持管理費の増減により共益費が不相当となったときは、協議の上、共益費を改定することができる。

（敷金）

第６条　乙は、本契約から生じる債務の担保として、頭書(3)に記載する敷金を甲に交付するものとする。

２　甲は、乙が本契約から生じる債務を履行しないときは、敷金をその債務の弁済に充てることができる。この場合において、乙は、本物件を明け渡すまでの間、敷金をもって当該債務の弁済に充てることを請求することができない。

３　甲は、本物件の明渡しがあったときは、遅滞なく、敷金の全額を乙に返還しなければならない。ただし、本物件の明渡し時に、賃料の滞納、第15条に規定する原状回復に要する費用の未払いその他の本契約から生じる乙の債務の不履行が存在する場合には、甲は、当該債務の額を敷金から差し引いた額を返還するものとする。

４　前項ただし書きの場合には、甲は、敷金から差し引く債務の額の内訳を乙に明示しなければならない。

（反社会的勢力の排除）

第７条　甲及び乙は、それぞれ相手方に対し、次の各号の事項を確約する。

一　自らが、暴力団、暴力団関係企業、総会屋若しくはこれらに準ずる者又はその構成員（以下総称して「反社会的勢力」という。）ではないこと。

二　自らの役員（業務を執行する社員、取締役、執行役又はこれらに準ずる者をいう）が反社会的勢力ではないこと。

三　反社会的勢力に自己の名義を利用させ、この契約を締結するものでないこと。

四　自ら又は第三者を利用して、次の行為をしないこと。

ア　相手方に対する脅迫的な言動又は暴力を用いる行為

イ　偽計又は威力を用いて相手方の業務を妨害し、又は信用を毀損する行為

（禁止または制限される行為）

第８条　乙は、甲の書面による承諾を得ることなく、本物件の全部又は一部につき、賃借権を譲渡し、または転貸してはならない。

２　乙は、甲の書面による承諾を得ることなく、本物件の増築、改築、移転、改造もしくは模様替又は本物件の敷地内における工作物の設置を行ってはならない。

３　乙は、本物件の使用に当たり、別表第１に掲げる行為を行ってはならない。

４　乙は、本物件の使用に当たり、甲の書面による承諾を得ることなく、別表第２に掲げる行為を行ってはならない。

５　乙は、本物件の使用に当たり、別表第３に掲げる行為を行う場合には、甲に通知しなければならない。

（契約期間中の修繕）

第９条　甲は、乙が本物件を使用するために必要な修繕を行わなければならない。この場合の修繕に要する費用については、乙の責めに帰すべき事由により必要となったものは乙が負担し、その他のものは甲が負担するものとする。

２　前項の規定に基づき甲が修繕を行う場合は、甲は、あらかじめ、その旨を乙に通知しなければならない。この場合において、乙は、正当な理由がある場合を除き、当該修繕の実施を拒否することができない。

３　乙は、甲の承諾を得ることなく、別表第４に掲げる修繕を自らの負担において行うことができる。

４　前項の規定による通知が行われた場合において、修繕の必要が認められるにもかかわらず、甲が正当な理由なく修繕を実施しないときは、乙は自ら修繕を行うことができる。この場合の修繕

に要する費用については、第１項に準ずるものとする。
5　乙は、別表第４に掲げる修繕について、第１項に基づき甲に修繕を請求するほか、自ら行うことができる。乙が自ら修繕を行う場合においては、修繕に要する費用は乙が負担するものとし、甲への通知及び甲の承諾を要しない。

（契約の解除）

第10条　甲は、乙が次に掲げる義務に違反した場合において、甲が相当の期間を定めて当該義務の履行を催告したにもかかわらず、その期間内に当該義務が履行されないときは、本契約を解除することができる。
一　第４条第１項に規定する賃料支払義務
二　第５条第２項に規定する共益費支払義務
三　前条第１項後段に規定する費用負担義務
2　甲は、乙が次に掲げる義務に違反した場合において、当該義務違反により本契約を継続することが困難であると認められるに至ったときは、本契約を解除することができる。
一　第３条に規定する本物件の使用目的遵守義務
二　第７条各項に規定する義務
三　その他本契約書に規定する乙の義務
3　甲又は乙の一方について、次のいずれかに該当した場合には、その相手方は、何らの催告も要せずして、本契約を解除することができる。
一　第７条各号の確約に反する事実が判明した場合
二　契約締結後に自ら又は役員が反社会的勢力に該当した場合
4　甲は、乙が別表第１第六号から第八号に掲げる行為を行った場合は、何らの催告も要せずして、本契約を解除することができる。

（乙からの解約）

第11条　乙は、甲に対して少なくとも30日前に解約の申し入れを行うことにより、本契約を解約することができる。
2　前項の規定にかかわらず、乙は、解約申し入れの日から30日分の賃料（本契約の解約後の賃料相当額を含む）を甲に支払うことにより、解約申し入れの日から起算して30日を経過する日までの間、随時に本契約を解除することができる。

（一部滅失等による賃料の減額等）

第12条　本物件の一部が滅失その他の事由により使用できなくなった場合において、それが乙の責めに帰することができない事由によるものであるときは、賃料は、その使用できなくなった部分の割合に応じて、減額されるものとする。この場合において、甲及び乙は、減額の程度、期間その他必要な事項について協議するものとする。
2　本物件の一部が滅失その他の事由により使用できなくなった場合において、残存する部分のみでは乙が賃借をした目的を達することができないときは、乙は、本契約を解除することができる。

（契約の終了）

第13条　本契約は、本物件の全部が滅失その他の事由により使用できなくなった場合には、これによって終了する。

（明渡し）

第14条　乙は本契約が終了する日までに（第９条の規定に基づき本契約が解除された場合にあっては、直ちに）、本物件を明け渡さなければならない。この場合において、乙は、通常の使用に伴い生じた本物件の損耗を除き、本物件を原状回復しなければならない。
2　乙は、前項前段の明渡しをするときには、明渡し日を事前に甲に通知しなければならない。

（明渡し時の原状回復）

第15条　乙は、通常の使用に伴い生じた本物件の損耗及び本物件の経年変化を除き、本物件を原状回復しなければならない。ただし、乙の責めに帰することができない事由により生じたものについては、原状回復を要しない。
2　甲及び乙は、本物件の明渡し時において、契約時に特約を定めた場合は当該特約を含め、別表第５の規定に基づき乙が行う原状回復の内容及び方法について協議するものとする。

（立入り）

第16条　甲は、本物件の防火、本物件の構造の保全その他の本物件の管理上特に必要があるときは、あらかじめ乙の承諾を得て、本物件内に立ち入ることができる。
2　乙は、正当な理由がある場合を除き、前項の規定に基づく甲の立入りを拒否することはできない。
3　本契約終了後において本物件を賃借しようとする者又は本物件を譲り受けようとする者が下見をするときは、甲及び下見をする者は、あらかじめ乙の承諾を得て、本物件に立ち入ることができる。
4　甲は、火災による延焼を防止する必要がある場合その他の緊急の必要がある場合においては、あらかじめ乙の承諾を得ることなく、本物件に立ち入ることができる。この場合において、甲は、乙の不在時に立ち入ったときは、立ち入り後その旨を乙に通知しなければならない。

（連帯保証人）

第17条　連帯保証人（以下「丙」という。）は、乙と連帯して、本契約から生じる乙の債務を負担するものとする。本契約が更新された場合においても、同様とする。
2　前項の丙の負担は、頭書⑹及び記名押印欄に記載する極度額を限度とする。
3　丙が負担する債務の元本は、乙又は丙が死亡したときに、確定するものとする。
4　丙の請求があったときは、甲は、丙に対し、遅滞なく、賃料及び共益費等の支払状況や滞納金の額、損害賠償の額等、乙の全ての債務の額等に関する情報を提供しなければならない。

第18条（協議）および第19条（特約条項）—略—

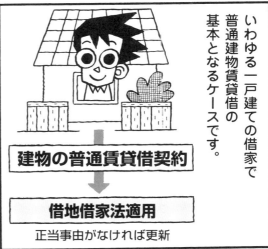

建物の一棟を貸す場合の普通賃貸借契約

いわゆる一戸建ての借家で普通建物賃貸借の基本となるケースです。

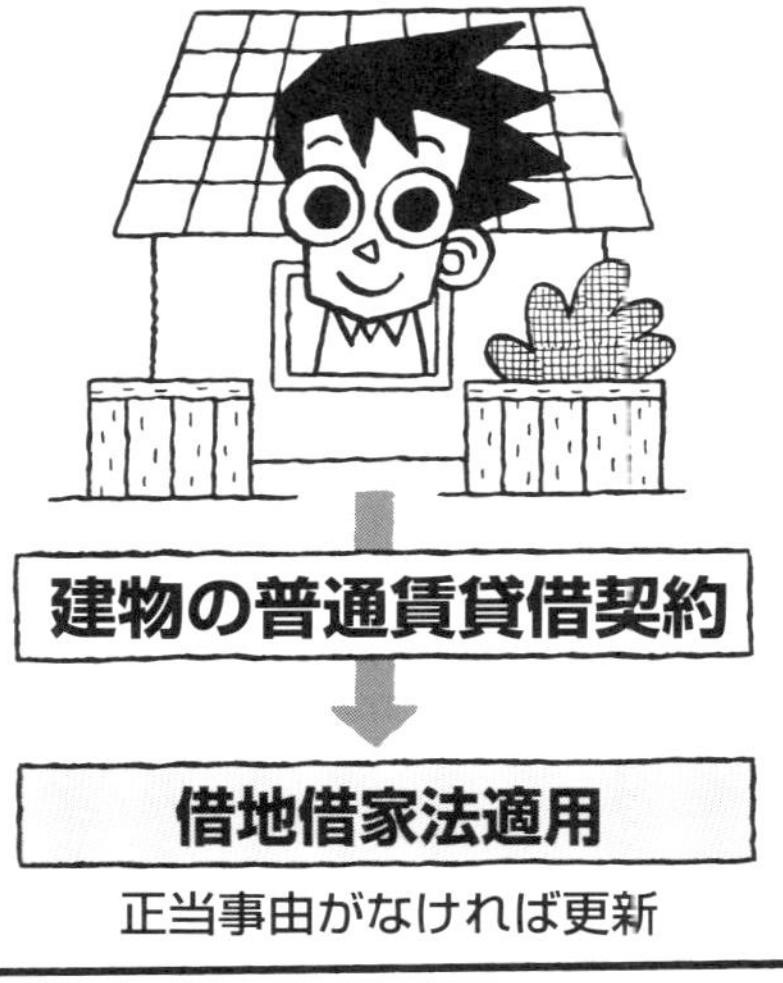
建物の普通賃貸借契約
借地借家法適用
正当事由がなければ更新

契約書には目的の家屋を住居として使用するのか店舗としてあるいは工場として使用するのか記載するのが普通です。

デスクワーク程度なら
転居目的でOK♡

賃貸借期間は1年以上に定めてください。1年未満の記載は期間の定めがないものとみなされます。

契約期間

1年以上

1年未満は期間の定めがないものとされる

※1年未満の契約が認められる「定期建物賃貸借」については44～49ページを参照してください。

建物の賃借権を譲渡、または転貸できるかを決めておきます。

又貸しはダメ
賃借権

決めておかなくても譲渡、転貸は禁止ということになりますが、後日の紛争を避けるためにも明記しておくことです。

法改正された借地借家法では造作買取請求権は強行規定から外されましたので

立退くから庭に建てた物置き買って
ダメ

「買い取らない」特約を結ぶこともできます。

その他敷金の授受があればその旨を契約書に記載しておくことを忘れてはなりません

敷金

◆住居一棟の普通賃貸借契約書(簡略体)

建物賃貸借契約書

甲野太郎を甲とし、乙川二郎を乙として、次のとおり建物賃貸借に関する契約を締結する。

第1条 甲はその所有に係る下記建物を乙に賃貸する。

□都道府県郡市区町村大字字番地

木造瓦葺2階建1棟

床面積 □平方メートル

2階 □平方メートル

第2条 甲は、敷金として金□円を乙から受けとるものとする。

第3条 甲は第1条記載の建物に関する租税その他の公課及び大小修繕を負担すること。

第4条 賃料は1カ月金□円也とし毎月末日に甲の住所において支払うこと。

第5条 乙はその責に帰すべき事由によって賃借物件を毀損した場合はその賠償の責に任ずること。

第6条 乙が前2条の賃料又は賠償金の支払を怠ったときは、甲は敷金をもってこの弁済に充当することができる。

第7条 甲は本件建物の明渡完了のときには敷金を乙に返還する。前条の規定によって弁済に充当した敷金の剰余があるときも同じである。

第8条 乙は明渡完了のときには本件建物を原状に復さねばならない。しかし、甲の承諾を得て造作建具等を取り付けた場合は、甲が時価によってその造作、建具等を買い上げるものとする。

第9条 ①乙は本件建物を住居に使用し、他の用途に使用することはできない。

②乙が前項に違反したときは、甲は契約を解除することができる。

第10条 乙は甲の承諾を得なければ建物又は造作の模様替えをすることができない。

第11条 本件賃貸借契約の期間は、令和□年□月□日以降2年間とする。

上記契約を証するため本証書2通を作成し、各自署名捺印して各1通を保有するものとする。

令和□年□月□日

都道府県市区町村番地

甲 甲野太郎㊞

都道府県市区町村番地

乙 乙川次郎㊞

普通建物賃貸借契約／サンプル 3

アパートを貸す場合の普通賃貸借契約

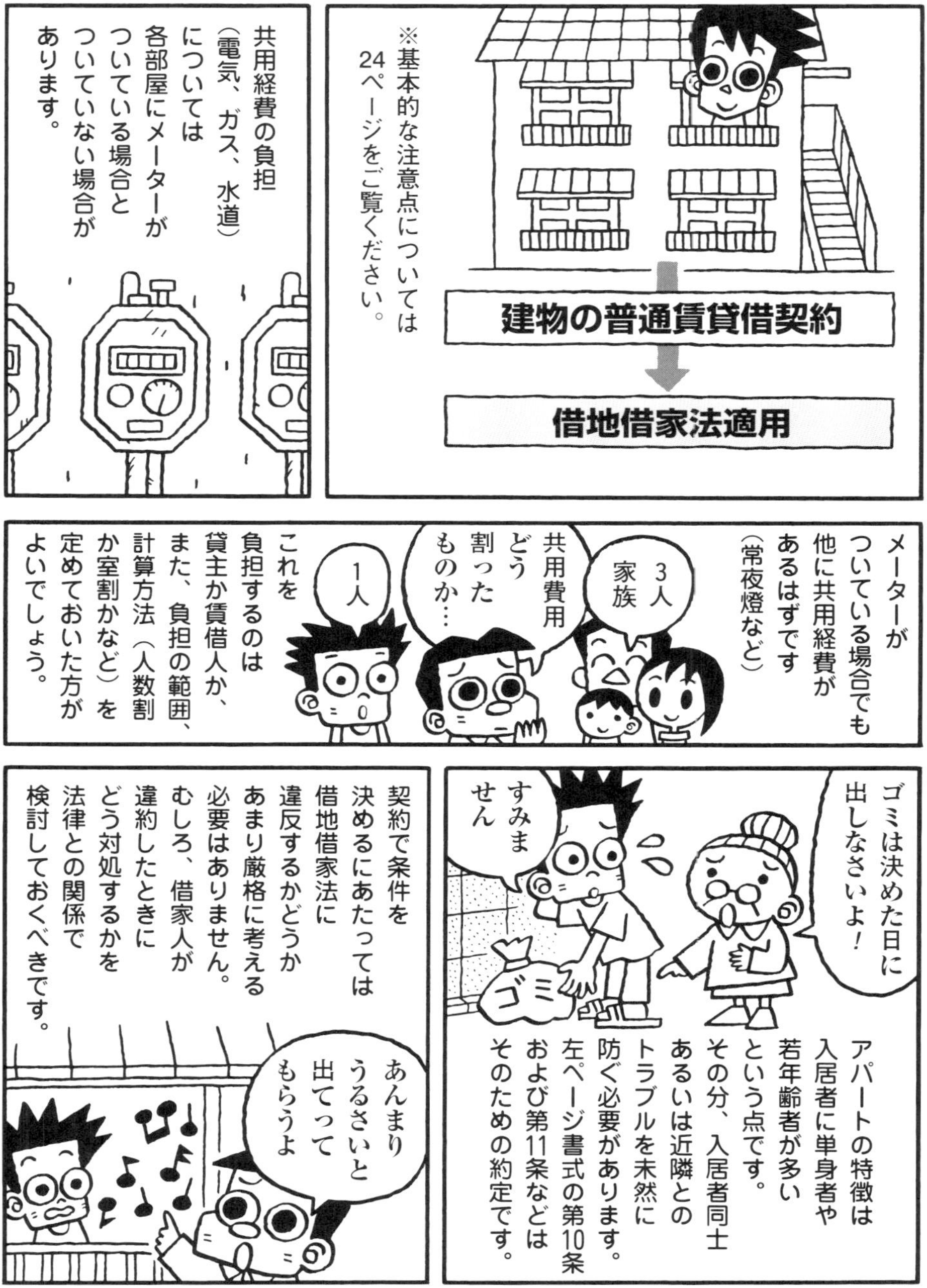
※基本的な注意点については24ページをご覧ください。
建物の普通賃貸借契約
借地借家法適用
共用経費の負担（電気、ガス、水道）については各部屋にメーターがついている場合とついていない場合があります。
メーターがついている場合でも他に共用経費があるはずです（常夜燈など）
3人家族
共用費用どう割ったものか…
1人
これを負担するのは貸主か賃借人か、また、負担の範囲、計算方法（人数割か室割かなど）を定めておいた方がよいでしょう。
ゴミは決めた日に出しなさいよ！
すみません
ゴミ
アパートの特徴は入居者に単身者や若年齢者が多いという点です。その分、入居者同士あるいは近隣とのトラブルを未然に防ぐ必要があります。左ページ書式の第10条および第11条などはそのための約定です。
契約で条件を決めるにあたっては借地借家法に違反するかどうかあまり厳格に考える必要はありません。むしろ、借家人が違約したときにどう対処するかを法律との関係で検討しておくべきです。
あんまりうるさいと出てってもらうよ

◈アパートの貸室普通賃貸借契約書（簡略体）

貸室賃貸借契約書

甲野太郎を甲とし、乙川次郎を乙として、次のとおり建物賃貸借に関する契約を締結する。

第１条　甲は下記表示物を乙に賃貸する。

□県□市□町□番地所在

家屋番号　同所□番

１、木造瓦葺２階建住家　　１棟

□□荘（所有者貸主）のうち

２階東側南より２室目　１室

第２条　賃貸借の期間は令和□年□月□日より令和□年□月□日までの向こう２年間とし、乙は本貸室を住居としてのみ使用する。

第３条　賃料は１ヵ月金□円とし、乙は毎月25日限り翌月分を甲指定の銀行口座に振り込んで支払う。

第４条　乙は甲に対し、敷金として金□円を本契約締結と同時に支払う。

敷金は賃料滞納分、損害金等、本契約から生じる債務の弁済に充当する。この場合における充当は、本貸室返還までは甲の任意とし、乙からこれを請求することはできない。

第５条　乙は本契約上の権利の譲渡または本貸室の転貸（乙の家族以外の者を同居させる場合も含む）をしない。

第６条　本貸室および共同施設の修繕、保存等はすべて甲が自費をもってこれを行う。ただし、乙が不注意により毀損したものについては、乙は甲に対し、その修繕費を弁償する。

第７条　乙は本貸室および共同施設に対し、造作加工をしない。

第８条　電気、ガス、水道料および衛生費等アパートの使用により増減すべき費用については、乙は他の貸室人と共同してこれを負担する。この費用は、甲が室割り、人数割りその他甲が相当と判断した方法によって各負担分を計算の上、乙に通知するものとし、乙はその負担分の計算について異議を申し出ることはできない。

第９条　契約期間中といえども、物価の騰貴等の事由により約定賃料額が不相当となったものと判断したときは、甲は賃料の増額をすることができる。

第10条　本貸室を住居として使用すべき者は乙とその妻とし、乙がその他の家族を本貸室に居住させる必要が生じたときは、あらかじめ甲に申し出て甲の承諾を得なければならない。

第11条　乙は本貸室の使用につき、理由のいかんを問わず、他の入居者の迷惑となるような行動をしてはならない。

第12条　乙が本契約の各約定に違反したときは、甲は催告を要せず本契約を解除することができる。

第13条　乙が本貸室を返還すべきにもかかわらずこれを遅延したときは、その明渡しまで、甲は最終賃料の倍額の割合による損害金を請求することができる。

第14条　連帯保証人は本契約にもとづく乙の債務につき乙と連帯して、極度額○○○○円を限度に、その履行の責を負うことを保証する。

上記のとおり契約し、甲乙下に記名捺印する。

令和□年□月□日

都道府県市区町村番地

甲　甲　野　太　郎㊞

都道府県市区町村番地

乙　乙　川　次　郎㊞

都道府県市区町村番地

連帯保証人　丙　田　三　郎㊞

普通建物賃貸借契約／サンプル 4

ビルの一室を事務所に貸す場合の普通賃貸借契約

ビルの一室を事務所として賃貸借する場合でもその部屋には独立性があるので借地借家法が適正されます。つまり、賃借人には借家権が発生し、法律の保護を受けることになります。

建物の普通賃貸借契約 → **借地借家法適用**

正当事由がなければ更新

ビルの貸室契約の法律関係は、アパートの契約と似ています。例えば共用経費などです。

貸ビルの場合、床面積などを基準に一定の負担額を定めることが多いようです。

「保証金」は敷金に似ていますがその額と扱いは大きく異なります。とくに、新しいビルなどでは、保証金を建築費の支払いに振り向けるため敷金とは比較にならないほど多額です。

保証金

①契約終了まで返還せず
②家賃滞納などの損害賠償債務を担保
③期間に応じて一定の割合でその一部を家主が取得（償却）し、無利息
などの性質があります。

一種の無利息借入金の作用を営んでおり「建設協力金」などと言う場合もあります。

◈事務所の普通賃貸借契約書（簡略体）

事務所賃貸借契約書

甲野太郎を甲とし、乙川次郎を乙として、次のとおり建物賃貸借に関する契約を締結する。

第１条　甲は下記表示物を乙に賃貸する。
□県□市□町□番地所在
鉄筋コンクリート７階建（□ビル）のうち、
１．□階□□号室　　　１室
（□平方メートル）
第２条　賃借人は自己の事務所として目的物を使用する。
第３条　賃料は１ヵ月金□円也と定め、乙は毎月末日限りその月分を甲の指定する銀行口座に振り込んでこれを支払う。
第４条　賃貸借の存続期間は令和□年□月□日より向こう５カ年とする。ただし、存続期間満了の際は、主として賃料につき協議の上、この期間を延長することができる。
第５条　賃借人は契約保証金として金□円也を本日賃貸人に差し入れる。この保証金には利息を付さない。
第６条　賃借人は下の各号の行為をしてはならない。
１．目的物の用法の変更
２．賃借権の譲渡
３．目的物の転貸
４．目的物に造作加工を施すこと。
第７条　目的物または共用施設の破損が賃借人またはその使用人等賃借人側の不注意によるときは、賃借人はその修復費用を負担しなければならない。
第８条　一切の共用費用中賃借人の負担額を１カ月金□円也とし、毎月末日限りその月分を賃料とともに銀行口座に振り込んで支払う。
第９条　賃借人がこの契約を解約するときは、３カ月前に予告するか、または予告後３カ月分の賃料を支払わなければならない。
第10条　賃借人がこの契約の約定に違反したときは、賃貸人は何らの催告も要せずして直ちにこの契約を解除することができる。
第11条　賃借人が目的物を返還すべきときは、賃貸人の立ち会いを得て目的物の点検をなし、賃貸人の承諾なく造作加工した箇所があるときは、賃貸人が業者に見積もらせた原状回復の費用を賃貸人に支払う。
第12条　第５条の保証金は、賃借人が目的物の返還を終了したときに、未納の賃料および共用費用、損害金その他賃借人の賃貸人に対する債務金一切を差し引いた上これを返還する。
ただし、賃借人がこの契約後□年内にこの契約を解約したとき、または第10条により契約が終了したときは、賃借人は保証金の□割を放棄する。
第13条　賃借人は保証金返還請求権につき譲渡その他の処分をなしえないものとする。
賃借人は目的物の返還完了までは、賃料その他賃貸人に対する債務を保証金債権をもって相殺することができない。
第14条　賃借人は、目的物およびビル内共用部分の使用につき、賃貸人が定めるビル使用規則を遵守し、また、賃貸人が同規則にもとづいて行う室内立入りその他のビル管理行為に協力しなければならない。
第15条　丙は本契約上の乙の債務支払いを乙と連帯して、極度額○○○○円を上限に保証する。
上記のとおり契約する。
令和□年□月□日

都道府県市区町村番地
賃貸人（甲）甲野土地株式会社
代表取締役　甲　野　太　郎㊞
都道府県市区町村番地
賃借人（乙）　　乙　川　次　郎㊞
都道府県市区町村番地
連帯保証人（丙）丙　田　三　郎㊞

普通建物賃貸借契約／サンプル 5

マンションを貸す場合の普通賃貸借契約

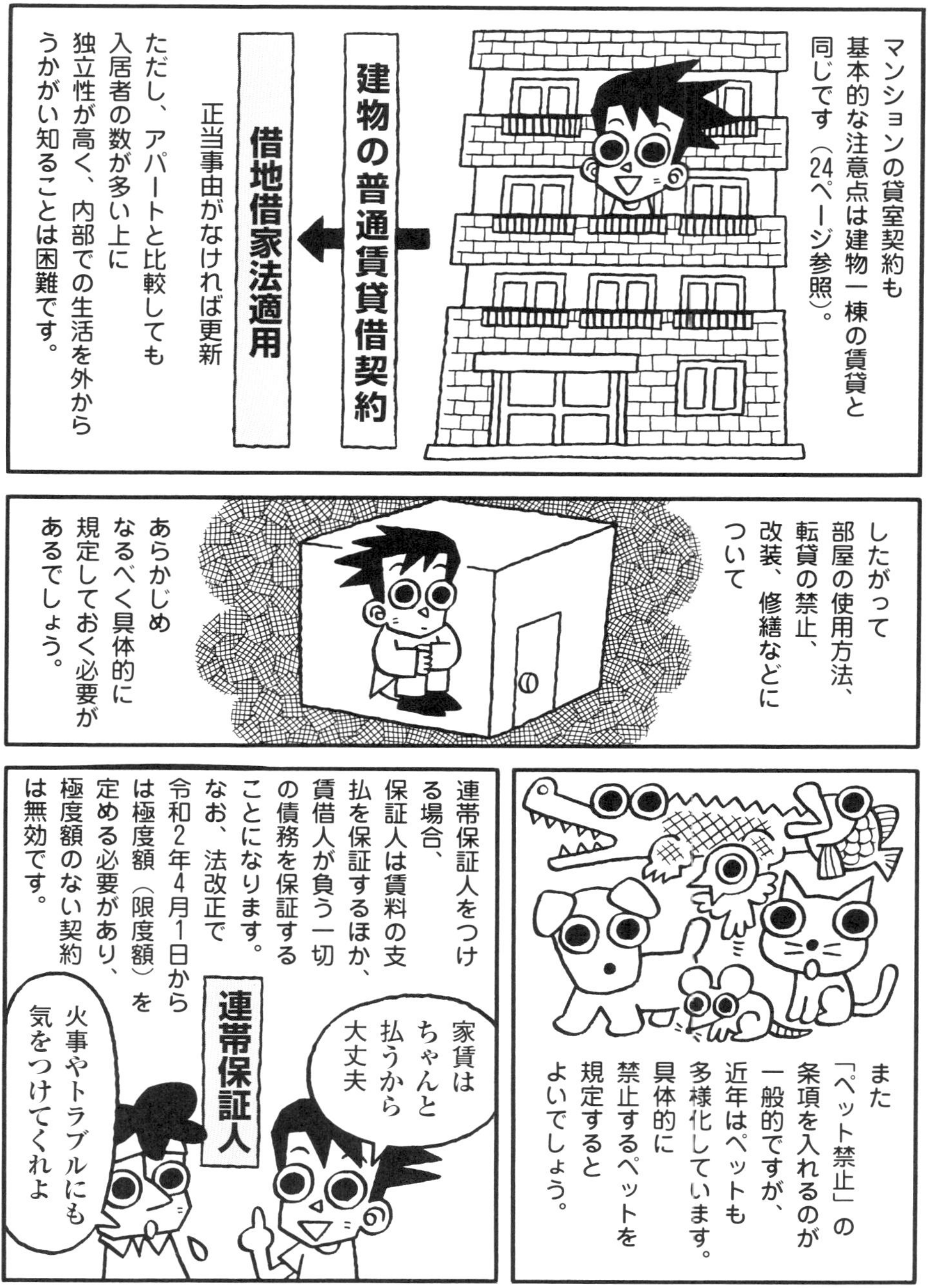

マンションの貸室契約も基本的な注意点は建物一棟の賃貸と同じです（24ページ参照）。
建物の普通賃貸借契約
借地借家法適用
正当事由がなければ更新
ただし、アパートと比較しても入居者の数が多い上に独立性が高く、内部での生活を外からうかがい知ることは困難です。
したがって部屋の使用方法、転貸の禁止、改装、修繕などについて
あらかじめなるべく具体的に規定しておく必要があるでしょう。
また「ペット禁止」の条項を入れるのが一般的ですが、近年はペットも多様化しています。具体的に禁止するペットを規定するとよいでしょう。
連帯保証人をつける場合、保証人は賃料の支払を保証するほか、賃借人が負う一切の債務を保証することになります。
なお、法改正で令和2年4月1日からは極度額（限度額）を定める必要があり、極度額のない契約は無効です。
連帯保証人
家賃はちゃんと払うから大丈夫
火事やトラブルにも気をつけてくれよ

◈マンション普通賃貸借契約書（簡略体）

マンション賃貸借契約書

甲野太郎を甲とし、乙川次郎を乙として、次のとおりマンション区分所有建物の賃貸借に関する契約を締結する。

第１条　甲は下記表示の区分所有建物（本建物という）を乙の住居に供するため乙に賃貸し、乙はこれを賃借する。

賃貸借建物の表示

□市□町□丁目□番地□所在

鉄筋コンクリート造陸屋根７階建１棟の建物における、

家屋番号同所□番□の□（建物番号□）の建物（□階居宅□平方メートル）

第２条　賃料は１か月金□円也とし、毎月末日までにその翌月分を甲方に持参または甲が指定する預金口座に振り込んで支払うものとする。

第３条　乙は前条の賃料とは別に、甲が共用部分の保守、管理のために分担する費用を、各支払期限までに甲または甲の指示する者に支払うものとする。

第４条　電気、ガス、水道その他これらに準ずるものの使用料金および本建物の使用中に破損による修繕費は乙の負担とする。

第５条　つぎの場合には甲は催告なしに本契約を解除することができる。

① 乙が本建物を転貸し、賃借権を譲渡し、または、本建物に乙の家族以外の者を居住させたとき。

② 甲の承諾を得ないで本建物の形状を著しく変更する工事を施したとき。

③ 第２条ないし第４条の各支払いを怠り、その額が賃料の３か月分に達したとき。

④ その他上記に準ずる契約違反があったとき。

第６条　乙は甲に対し敷金として本契約締結と同時に金□□円（賃料の２か月相当分）を差し入れ、賃料が増額された場合は、増額後の賃料の２倍の金額にみつるまで敷金を追加するものとする。

第７条　乙が甲に対し、本建物を明け渡すときは、立退料を請求せず、造作部分を取り外し、建物を原状に復して返還するものとする。

第８条　本建物の主要構造部分についての修繕は甲がこれを行い、費用が軽微な部分的な小修繕は乙が費用を負担して自ら行うものとする。

第９条　乙が本契約の更新を希望する場合は、期間満了までにその時の賃料の１か月分に相当する更新料を甲に支払うものとし、この場合甲は更新を拒否することができない。

更新後の賃貸期間も更新の日から満２年とし、以後すべて前項の例による。

第10条　連帯保証人丙田三郎は、乙が甲に対して本契約により負担する一切の債務（損害賠償を含む）につき極度額○○○円を限度に保証し、乙と連帯して履行の責を負う。

第11条　本契約は強制執行認諾約款付公正証書とする。

上記のとおり契約が成立したので本書面３通を作成し、甲乙丙各１通を保有する。

令和□年□月□日

貸主（甲）　　甲　野　太　郎㊞
借主（乙）　　乙　川　次　郎㊞
連帯保証人（丙）　　丙　田　三　郎㊞

店舗に貸す場合の普通賃貸借契約

店舗として賃貸するときは公正証書にしておくと安全、確実です。

建物の普通賃貸借契約

→ **借地借家法の適用**

正当事由がなければ更新

店舗賃貸契約書に記載する条項は
・賃貸借建物の表示
・賃料・敷金に関する条項
・管理費・修繕費の負担
・建物使用制限の条項
・解約に関する条項
・損害賠償に関する条項
・保証に関する条項
といったもので貸主側からの要求が主となっています。

店舗賃貸借契約書の見方、定め方のコツは、各条項の意味する法律的効果が何かを見きわめることにあります。借地借家法・民法（賃貸借）の規定と照合してみることです。

例えば、第2条の家賃支払い方法で賃借人が家主のところへ持参して支払うとなっていたとします（「持参債務」）。

期日までに貸主のところへ家賃を持って行かないと履行遅滞となり、その遅滞分の賠償責任を当然に負担するという法律効果が生じます。

★倉庫として貸す場合の普通賃貸借契約

倉庫の賃貸借契約でも、建物の賃貸借に当たり、借地借家法の適用はあります。

ただし、短期間で一時使用の目的のための賃貸借（借地借家法40条）であれば、借地借家法の更新に際しての正当事由の問題は生じません。したがって、契約期間の満了により、賃貸借契約は終了します。

また、倉庫の一区画を提供して賃借人に任意に物品の保管をさせる場合には、いわゆる「場所貸し」となり、借地借家法の適用はないとされています。

◈店舗に貸す場合の普通建物賃貸借契約書(簡略体)

店舗賃貸借契約書

甲野太郎を甲とし、乙川次郎を乙として、次のとおり建物賃貸借に関する契約を締結する。

第1条 甲はその所有に係る下記建物を店舗に使用するため次条以下の約定で乙に賃貸し、これを使用および収益せしめることを約し、乙はこれに対し賃料を支払うことを約した。

不動産の表示

1．所　　在　都道府県市町村
2．家屋番号　同町□番
3．種　　類　工場
4．構　　造　木造瓦葺平屋建
5．床 面 積　□平方メートル

第2条 家賃は1か月金□□円と定め、乙は毎月末日限り甲が指定する銀行口座に振り込んで支払わなければならない。

第3条 敷金は金□□円として、乙は本契約成立と同時に甲に納入しなければならない。

第4条 本件建物に関する公租公課は貸主の負担とする。

第5条 本件建物の土台・柱・壁・屋根等の修繕費は甲においてこれを負担しその他の修繕費は乙において負担する。

第6条 乙が本件建物について下記の行為を成さんとするときは、予め書面による甲の承諾を得なければならない。

① 建物の全部または一部の賃借権を譲渡しまたは転貸すること。
② 建物の改造または模様替えをすること。

第7条 乙が前条に違反したとき、使用目的を変更したとき、または家賃の支払を2か月以上怠ったときは、甲は催告の手続きを要せず本契約を解除することができる。

乙が前条第②号に違反したときは、貸主の選択に従い直ちにこれを原状に回復するか、またはこれによって生じた損害を賠償しなければならない。

第8条 敷金は乙が本契約に基づく義務の履行を終わったときに返還するものとする。ただし、乙が賃料の支払いを怠ったときその他損害金のあるときは、甲は敷金をもってその弁済に充当することができる。

第9条 連帯保証人丙は乙の債務の履行を連帯して極度額○○○○円を限度に保証する。

上記契約を証するため本証書3通を作り、署名捺印のうえ、甲乙丙各自その1通を所持する。

令和□年□月□日

都道府県市区町村番地
賃　貸　人(甲)　甲　野　太　郎㊞
都道府県市区町村番地
賃　借　人(乙)　乙　川　次　郎㊞
都道府県市区町村番地

6.定期建物等賃貸借の契約書のサンプル

定期借家権制度

平成12年3月1日の借地借家法の一部改正で「定期借家権」の制度が導入され、これによって「定期建物賃貸借契約」ができるようになりました。

定期建物賃貸借契約

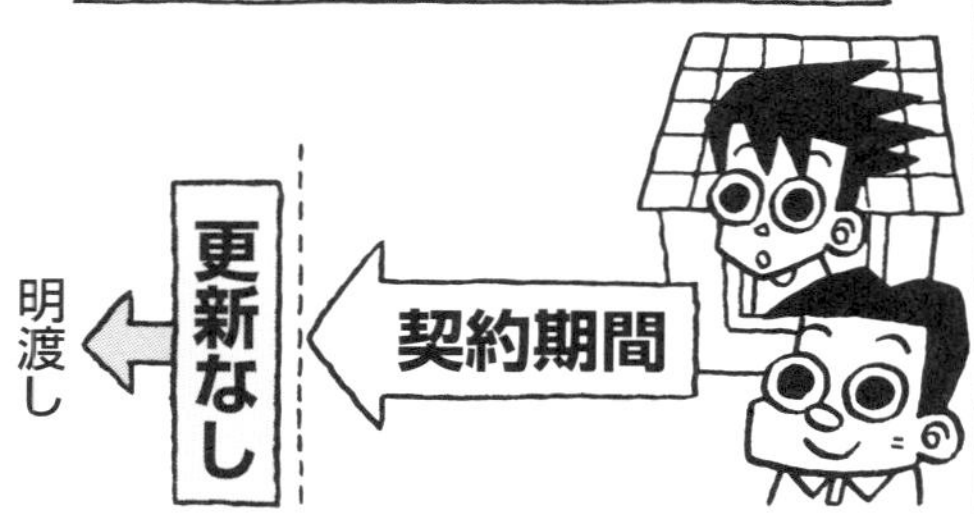

定期建物賃貸借契約をした場合、契約期間が満了すると更新はなく賃貸借契約は終了します。契約で決めさえすれば期間1年未満の契約をすることも可能です。

ただし、定期建物賃貸借契約には次のような手続きが必要です。

契約書に調印する前に、必ず明確に「契約の更新がない」ことを説明し、それを書面にした説明書（左ページ）を賃借人に交付する義務があります。

「口頭でもよい」とされている建物の賃貸借契約ですが定期建物賃貸借契約の場合は、必ず公正証書などによる書面での契約をする必要があります。

必ず書面で契約すること

これらの手続きをしないと普通の建物賃貸借契約（更新あり）をしたことになってしまいます。

定期建物賃貸借の契約期間が満了し、引続き同じ賃借人に賃貸するときは契約更新ではなく再契約をすることになります。

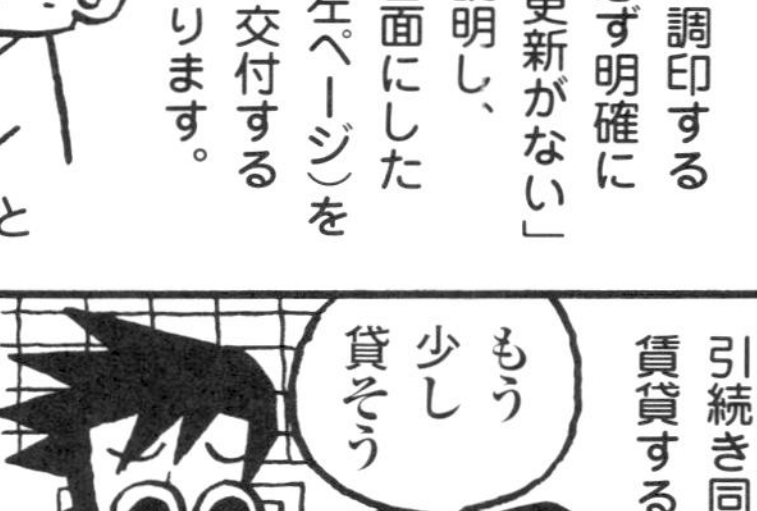

定期建物賃貸借契約の終了手続きについては144ページをご覧ください。

◈定期建物賃貸借契約であることの説明の書式

定期建物賃貸借説明書

令和□年□月□日

住　所　　都道府県市区町村番地
賃貸人（甲）　甲野　太郎

都道府県市区町村番地
乙川　次郎　殿

契約の要点

今般、甲所有の後記建物につき、貴殿より賃借の希望がある旨、不動産仲介業者である○○（以下丙という）より紹介を受けました。後記物件については、甲は借地借家法第38条第１項にもとづく定期建物賃貸借契約を締結いたしたき所存でありますので、同条第２項にもとづき、次のとおり前記契約の要点をご説明致します。

① 契約の存続期間

普通の建物賃貸借と異なり、契約期間満了の際に契約の更新はありません。契約書に定められた期間が到来すれば、後記建物の賃貸借契約は終了いたします。

② 賃貸借の終了

契約書に定めた賃貸借契約の期間満了により契約は終了しますので、その時点で後記建物を明け渡していただくことになります。その際には、あらかじめ甲より貴殿宛、同条第４項にもとづき、期間満了の１年前から６か月前までの間に、賃貸借終了並びに明渡請求のご通知を差し上げます。

③ 賃料等について

これらの賃貸条件については、本書面添付の一覧表記載のとおりです。

以上

記

建物の表示並びに一覧表　　——略———

……………………………………………………………………………………

説明書受領証

賃借申込人（乙）は、前記建物の賃貸借につき、定期建物賃貸借であること、期間到来の際にも更新がなく、契約期間満了時に賃借建物を明け渡す義務があることにつき、前記説明書にもとづき説明を受けたこと、正に相違ありません。

令和□年□月□日

賃借人（乙）　住所　都道府県市区町村番地
氏名　乙川　次郎　㊞

甲野太郎　殿

立会人（丙）　　丙田　三郎　㊞

＊注→立会人があった場合には、同人の記名押印を求めておけば、説明の事実の証明書として信用性が高くなります。

定期賃貸住宅標準契約

（平成30年３月版）

※定期賃貸住宅標準契約書の頭書については、30ページを参照してください。

契約条項

（別表は省略）

（契約の締結）

第１条　貸主（以下「甲」という。）及び借主（以下「乙」という。）は、頭書⑴に記載する賃貸借の目的物（以下「本物件」という。）について、以下の条項により借地借家法（以下「法」という。）第38条に規定する定期建物賃貸借契約（以下「本契約」という。）を締結した。

（契約期間）

第２条　契約期間は、頭書⑵に記載するとおりとする。

２　本契約は、前項に規定する期間の満了により終了し、更新がない。ただし、甲及び乙は、協議の上、本契約の期間の満了の日の翌日を始期とする新たな賃貸借契約（以下「再契約」という。）をすることができる。

３　甲は、第１項に規定する期間の満了の１年前から６月前までの間（以下「通知期間」という。）に乙に対し、期間の満了により賃貸借が終了する旨を書面によって通知するものとする。

４　甲は、前項に規定する通知をしなければ、賃貸借の終了を乙に主張することができず、乙は、第１項に規定する期間の満了後においても、本物件を引き続き賃借することができる。ただし、甲が通知期間の経過後乙に対し期間の満了により賃貸借が終了する旨の通知をした場合においては、その通知の日から６月を経過した日に賃貸借は終了する。

（使用目的）

第３条　乙は、居住のみを目的として本物件を使用しなければならない。

（賃料）

第４条　乙は、頭書⑶の記載に従い、賃料を甲に支払わなければならない。

２　1か月に満たない期間の賃料は、１か月を30日として日割計算した額とする。

３　甲及び乙は、次の各号の一に該当する場合には、協議の上、賃料を改定することができる。

一　土地又は建物に対する租税その他の負担の増減により賃料が不相当となった場合

二　土地又は建物の価格の上昇又は低下その他の経済事情の変動により賃料が不相当となった場合

三　近傍同種の建物の賃料に比較して賃料が不相当となった場合

（共益費）

第５条　乙は、階段、廊下等の共用部分の維持管理に必要な光熱費、上下水道使用料、清掃費等（以下この条において「維持管理費」という。）に充てるため、共益費を甲に支払うものとする。

２　前項の共益費は、頭書⑶の記載に従い、支払わなければならない。

３　1か月に満たない期間の共益費は、１か月を30日として日割計算した額とする。

４　甲及び乙は、維持管理費の増減により共益費が不相当となったときは、協議の上、共益費を改定することができる。

（敷金）

第６条　乙は、本契約から生じる債務の担保として、頭書⑶に記載する敷金を甲に預け入れるものとする。

２　甲は、乙が本契約から生じる債務を履行しないときは、敷金をその債務の弁済に充てることができる。この場合において、乙は、本物件を明け渡すまでの間、敷金をもって当該債務の弁済に充てることを請求することができない。

３　甲は、本物件の明渡しがあったときは、遅滞なく、敷金の全額を乙に返還しなければならない。ただし、本物件の明渡し時に、賃料の滞納、第15条に規定する原状回復に要する費用の未払いその他の本契約から生じる乙の債務の不履行が存在する場合には、甲は、当該債務の額を敷金から差し引いた額を返還するものとする。

４　前項ただし書きの場合には、甲は、敷金から差し引く債務の額の内訳を乙に明示しなければならない。

（反社会的勢力の排除）

第７条　甲及び乙は、それぞれ相手方に対し、次の各号の事項を確約する。

一　自らが、暴力団、暴力団関係企業、総会屋若しくはこれらに準ずる者又はその構成員（以下総称して「反社会的勢力」という。）ではないこと。

二　自らの役員（業務を執行する社員、取締役、執行役又はこれらに準ずる者をいう。）が反社会的勢力ではないこと。

三　反社会的勢力に自己の名義を利用させ、この契約を締結するものでないこと。

四　自ら又は第三者を利用して、次の行為をしないこと。

ア　相手方に対する脅迫的な言動又は暴力を用いる行為

イ　偽計又は威力を用いて相手方の業務を妨害し、又は信用を毀損する行為

２　乙は、甲の承諾の有無にかかわらず、本物件の全部又は一部につき、反社会的勢力に賃借権を譲渡し、又は転貸してはならない。

（禁止または制限される行為）

第８条　乙は、甲の書面による承諾を得ることなく、本物件の全部又は一部につき、賃借権を譲渡

し、または転貸してはならない。
2　乙は、甲の書面による承諾を得ることなく、本物件の増築、改築、移転、改造若しくは模様替又は本物件の敷地内における工作物の設置を行ってはならない。
3　乙は、本物件の使用に当たり、別表第(1)に掲げる行為を行ってはならない。
4　乙は、本物件の使用に当たり、甲の書面による承諾を得ることなく、別表第(2)に掲げる行為を行ってはならない。
5　乙は、本物件の使用に当たり、別表第(3)に掲げる行為を行う場合には、甲に通知しなければならない。

(契約期間中の修繕)

第９条　甲は別表第(4)に掲げる修繕を除き、乙が本物件を使用するために必要となった修繕を行わなければならない。この場合において、乙の故意又は過失により必要となった修繕に要する費用は、乙が負担しなければならない。
2　前項の規定に基づき甲が修繕を行う場合は、甲は、あらかじめ、その旨を乙に通知しなければならない。この場合において、乙は、正当な理由がある場合を除き、当該修繕の実施を拒否することができない。

(契約の解除)

第10条　甲は、乙が次に掲げる義務に違反した場合において、甲が相当の期間を定めて当該義務の履行を催告したにもかかわらず、その期間内に当該義務が履行されないときは、本契約を解除することができる。
一　第４条第１項に規定する賃料支払義務
二　第５条第２項に規定する共益費支払義務
三　前条第１項後段に規定する費用負担義務
2　甲は、乙が次に掲げる義務に違反した場合において、甲が相当の期間を定めて当該義務の履行を催告したにもかかわらず、その期間内に当該義務が履行されずに当該義務違反により本契約を継続することが困難であると認められるに至ったときは、本契約を解除することができる。
一　第３条に規定する本物件の使用目的遵守義務
二　第８条各項に規定する義務（同条第３項に規定する義務のうち、別表第１第六号から第八号に　掲げる行為に係るものを除く。）
三　その他本契約書に規定する乙の義務
3　甲又は乙の一方について、次のいずれかに該当した場合には、その相手方は、何らの催告も要せずして、本契約を解除することができる。
一　第７条第１項各号の確約に反する事実が判明した場合
二　契約締結後に自ら又は役員が反社会的勢力に該当した場合
4　甲は、乙が第７条第２項に規定する義務に違反した場合又は別表第１第六号から第八号に掲げる行為を行った場合には、何らの催告も要せずして、本契約を解除することができる。

(乙からの解約)

第11条　乙は、甲に対して少なくとも１月前に解約の申入れを行うことにより、本契約を解除することができる。
2　前項の規定にかかわらず、乙は、解約申し入れの日から１月分の賃料（本契約の解約後の賃料相当額を含む。）を甲に支払うことにより、解約申入れの日から起算して１月を経過する日までの間、随時に本契約を解約することができる。

(一部滅失等による賃料の減額等)

第12条　本物件の一部が滅失その他の事由により使用できなくなった場合において、それが乙の責めに帰することができない事由によるものであるときは、賃料は、その使用できなくなった部分の割合に応じて、減額されるものとする。この場合において、甲及び乙は、減額の程度、期間その他必要な事項について協議するものとする。
2　本物件の一部が滅失その他の事由により使用できなくなった場合において、残存する部分のみでは乙が賃借をした目的を達することができないときは、乙は、本契約を解除することができる。

(契約の終了)

第13条　本契約は、本物件の全部が滅失その他の事由により使用できなくなった場合には、これによって終了する。

(明渡し)

第14条　乙は本契約が終了する日（甲が第２項第３項に規定する通知をしなかった場合においては、同条第４項ただし書きに規定する通知をした日から６月を経過した日）までに（第９条の規定に基づき本契約が解除された場合にあっては直ちに）、本物件を明け渡さなければならない。この場合において、乙は、通常の使用に伴い生じた本物件の損耗を除き、本物件を原状回復しなければならない。
2　乙は、前項前段の明渡しをするときには、明渡し日を事前に通知しなければならない。
3　甲及び乙は、第１項後段の規定に基づき乙が行う原状回復の内容及び方法について協議するものとする。

以下、第15条～20条略（33ページ参照）

建物取壊し予定の期限付建物賃貸借契約

毎朝新聞
道路拡張計
貸家にしていた家が
こいつにぶつかっちまった
この家貸してください
こ ここはダメです
取壊しまでのあいだ
火事でもなけりゃいいが…
借地借家法39条は「建物の取り壊し予定」があるときに期限付の建物賃貸借を認めています。
1年間だけの転勤なのです
1年後には取壊しだからね
期限付建物賃貸借では「法定更新」はありません。
期限付建物賃貸借契約
更新なし
契約書には、その「取り壊すべき事由」を明確に記載する必要があります。
都市計画にもとづく道路拡張計画…と
契約期間は1年未満でもよく
公正証書にする必要はありません

◈建物取壊し予定の期限付建物賃貸借契約書

建物賃貸借契約書

甲野太郎を甲とし、乙川次郎を乙として、次のとおり建物賃貸借に関する契約を締結する。

第１条　甲所有の下記建物は、都市計画法にもとづく県道拡張計画により、令和□年□月□日をもって取り壊すことが予定されている。よって、甲は乙に対し、令和□年□月□日から上記取壊し予定日まで□年□カ月に限って、次に表示する物件を賃貸する。

（建物の表示）

１．所在場所　都道府県市町村
２．家屋番号　同町□番
３．種類　店舗
４．構造　鉄筋コンクリート３階建て
５．床面積　１階　□□．□□平方メートル
　　　　　　２階　□□．□□平方メートル
　　　　　　３階　□□．□□平方メートル

第２条　賃料は１か月金□□□□円と定め、乙は毎月末日限り甲の指定する銀行口座に振り込んで支払う。

第３条　乙は敷金として賃料□カ月分に相当する金□□円を交付するものとし、本日甲はこれを受領した。

第４条　乙が本件建物について下記の行為をするときは、予め書面による甲の承諾を得なければならない。

①　建物の全部または一部の賃借権を譲渡しまたは転貸すること。
②　建物の改造または模様替えをすること。

第５条　乙が前条に違反したとき、使用目的を変更したとき、または家賃の支払を２カ月以上怠ったときは、甲は催告の手続きを要せず本契約を解除することができる。

乙が前条第②号に違反したときは、貸主の選択に従い直ちにこれを原状に回復するか、またはこれによって生じた損害を賠償しなければならない。

第６条　敷金は乙が本契約に基づく義務の履行を終わったときに返還するものとする。ただし、乙が賃料の支払いを怠ったときその他損害金のあるときは、甲は敷金をもってその弁済に充当することができる。

第７条　連帯保証人丙は、本契約から生じる乙の債務につき、極度額○○○○円を限度に連帯して保証する。

第８条　乙は、本件建物の賃貸期間が終了し、明渡しをする場合、甲の承諾を得てなした造作、加工したものも含めて、乙所有物件はすべて収去し、原状に復して返還する。

上記契約を証するため本証書３通を作り、記名捺印のうえ各自その１通を所持する。

令和□年□月□日

都道府県市区町村番地
賃貸人（甲）　甲　野　太　郎㊞
都道府県市区町村番地
賃借人（乙）　乙　川　次　郎㊞
都道府県市区町村番地
連帯保証人（丙）　丙　田　三　郎㊞

★引越し前後の手続き

引越では、様々な手続きが必要です。予算を立てて、しっかり準備しましょう。

●引越し前にすること

・引越しの手配と荷造り…引越し業者から見積りを取り、引越しを発注する。友人に頼む場合は、車の手配が必要。荷造りしたダンボールには内容を書いておく。

・住民票の転出届の手続き…転出届は、引越し予定日の14日前から受付けている。現住所の区市町村役場へ行き手続きを行なう。このとき交付された転出証明書は、新住所を登録するときに必要となる。

・電話の変更手続き…NTTの「116」へ電話をし、転居する旨を伝える。

・ガス・電気・水道の閉栓手続き…引越しの際に困らないように事前に水抜きなどをしておく。

●引越し当日とその後にすること

・新居の点検…ドアの閉開や水回り、付帯設備などの不備や故障はないか。気になる点があれば、家主か不動産会社に連絡。

・ガス・電気・水道の開栓手続き…電気・水道は、入居先に置いてある「入居連絡ハガキ」に必要事項を記入してポストへ投函。または、最寄りの営業所へ連絡。ガスは入居者立会いのもとでガス会社の人に開栓してもらう。

・住民票の転入届の手続き…新住所の区市町村役場へ転出証明書を持参し手続きする。印鑑を忘れずに。

・銀行口座・クレジットカードの住所変更…銀行へは通帳、印鑑を持参する。クレジット会社へは電話で連絡し、住所変更の用紙を送付してもらう。

・運転免許証の住所変更…新住所の所轄の警察署で手続き。

・挨拶状の送付…引越しの挨拶状は、友人・知人に早めに出しておく。

●有料老人ホームへの入居と注意点

① 有料老人ホームの入所者が持つ権利は、**居住権**と言われています。一般の賃貸住宅の場合、賃借人は借地借家法により賃借権を持ちますが、有料老人ホームや高齢者住宅については老人福祉法、介護保険法、高齢者すまい法に規定があります。異なる点は、病気や要介護が進んだ場合に退去となったり、倒産や経営者の交代では最悪の場合には退去もあり、また、認知症になった場合にどうするかなどの問題もあります。入居前に重要事項説明書などでどうなっているか、十分な調査・確認が必要です。

② 有料老人ホームへの**入居でかかる費用**は、大別すると入居の際の入居一時金と月々の利用料です。入居一時金は、通常、高額なことから、短期間で居住者が解約、死亡した場合の返還が問題となり、また、月々の利用料については支払えなくなったときの退去などが問題となります。

なお、法改正により、**「サービス付き高齢者向け住宅」**が供給促進されています。基本的には借地借家法の適用がありますが、どのようなサービスがあり費用はどうなっているか等、入居前に十分確認しておくことが必要です。

第2章・賃貸期間中の家主と借家人のトラブル

1.賃貸期間中のトラブルには何があるか

第2章では賃貸契約期間中の貸主と賃借人のトラブルとその裁判例を紹介します。

トラブルが起きたら早目に双方で対処し話合いがこじれる前になんとかしたいものです。

1 借地借家法、旧・借家法の適用をめぐるトラブル

借地借家法、旧・借家法が適用されると、借家人は法律で保護されます（54～59ページ参照）。

2 特約が有効か無効かのトラブル

契約の際に取り決めた特約が、有効か無効か争われることがあります（60～65ページ参照）。

3 金銭をめぐるトラブル

家賃の値上げ、更新料の請求などでもめることがあります（66～73ページ）。

4 建物の使用をめぐるトラブル

契約で定めた賃貸建物の使用方法についての争い（74～93ページ）。

5 貸主・賃借人の交替をめぐるトラブル

貸主あるいは賃借人の死亡などによる交替が問題になります（94～101ページ）。

●借地借家法（旧・借家法）の適用をめぐるトラブル

このケースで多いのが、一時使用か、借地借家法の適用のある賃貸借かのトラブルです。借家法が適用になると、貸主が賃借人に明渡しを請求するには制限があり、それを「正当事由」といいます。その判断はケースによって異なりますが、借地借家法では、正当事由の内容が明文化されています。なお、正当事由については第3章で詳しく解説します。

●特約が有効か無効かのトラブル

契約の際に取決めた特約が、借家人保護の見地から有効か無効かが争われることがあります。

なお、適用される法律が旧・借家法か借地借家法かにより、有効になる特約の内容が若干異なりますので注意が必要です。平成4年7月31日以前の契約については、おおむね旧・借家法が適用されます。借地借家法が適用されるのは、平成4年8月1日以降の契約です。

●家賃など金銭面のトラブル

家主は賃料など金銭的利益を得るために建物を貸す場合がほとんどです。一方、賃借人は金銭的支出は少ないにこしたことはないでしょう。そこで、家賃の不当な大幅値上げや、更新料の請求など、金銭面でのトラブルが生じます。

●建物の使用をめぐるトラブル

賃借人は契約で定めた規定にしたがって建物を使用しなければなりません。これに反すると契約を解除されたり、賠償金を取られたりする場合もあります。たとえば、賃借人が貸主に無断で他人に転貸したり、増改築した、などという場合です。

●家主・賃借人の交替をめぐるトラブル

家主が死亡すると、貸主が交替します。旧貸主の親族が相続する場合もあれば、建物が売却されまったく別の第三者が新貸主となる場合もあります。このようなとき、賃借人は旧貸主に対してと同じ権利を新貸主にも主張できますが、家賃値上げなど無理な要求をされるケースもあるようです。

また、賃借人が死亡すると賃借権は同居していた親族に相続されますが、貸主がこれを機に明渡しを求めてトラブルになるケースもあります。

さらに、102～107ページでは賃貸期間中の明渡しをめぐるトラブルを解説します。

Q 入居者同士のトラブルは

アパートなどでの賃借人間のトラブルは多くあります。例えば、上階の居住者の不注意で水漏れして下の階の居住者が被害にあった、隣の部屋の人がうるさくて夜も眠れないなどです。

こうしたトラブルは、原則として、居住者間の問題で、民法の損害賠償の問題となります。ただし、隣人が夜中に騒ぐなどのトラブルで、賃貸人（家主）に苦情を言い、賃貸人が何度注意しても一向に騒ぎがおさまらない、などの場合は、賃貸人が契約解除してその騒ぐ居住者を立ち退かせられるかが問題となります。

迷惑行為の程度が著しく重大で賃貸人との信頼関係を破壊し、賃貸借契約の維持が困難な場合には、債務不履行（近隣に迷惑をかけてはならないという義務違反）を理由に、契約を解除することができます。

2.借地借家法、旧・借家法の適用をめぐる問題

借地借家法（旧・借家法）が適用になるかどうかって…
どうしてそれがそんなに問題になるんだ？
賃借人にとっても貸主にとっても大きな問題ですなぜかというと…

建物の賃貸借契約
賃借人
貸主
契約
引渡し
使用貸借（無償）一時使用以外の賃貸借
使用貸借・一時使用
※借地借家法第３章（正当事由）の適用がない。
適用あり
保護
借地借家法
賃借人は、借地借家法（旧・借家法）によって保護され、有利です。
適用なし
民法
トラブルについてはもっぱら民法が適用され貸主側が有利です。
借地借家法（旧・借家法）が適用されると普通建物賃貸借契約の場合、貸主の側からの立退き請求や更新拒絶には「正当事由」が必要になります（正当事由 ⬇ 第3章参照）。
正当事由

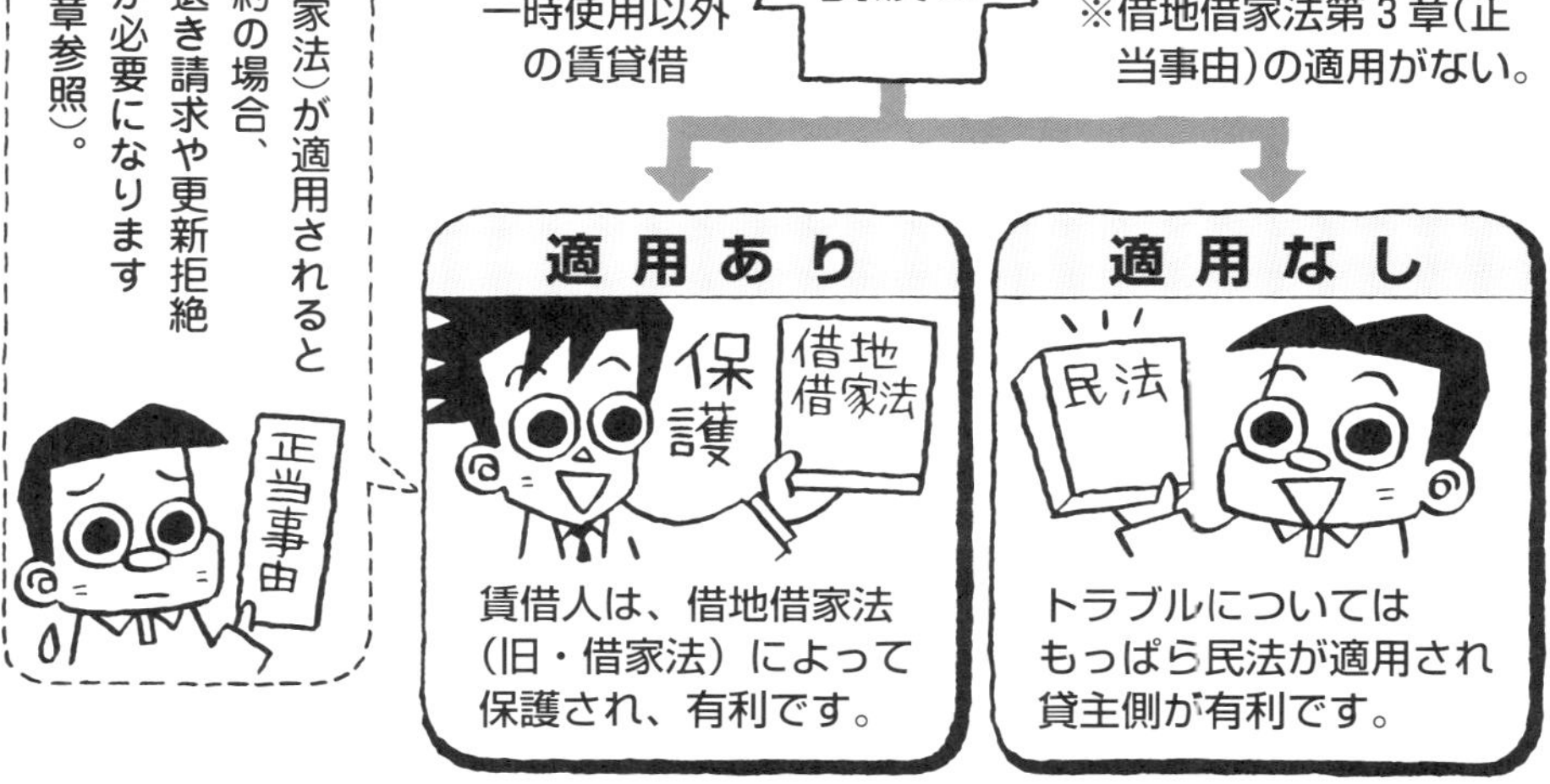
借地借家法（旧・借家法）が適用されるのは「家賃を払って建物の全部または一部分を使用する建物の賃貸借で、一時使用でないもの」ですが…
使用貸借だ！
金は払ってるぞ！
貸主と賃借人とでその見解に相違があると、トラブルに発展します。56～59ページでいくつかのケースを解説します。

●借地借家法が適用されるケース

・一戸建てを借りた場合
・アパート、マンションの賃貸の場合
・商店、工場、倉庫などを営業用に借りた場合
・建物の一部を店舗として借りた場合も適用される可能性大
・借家を又借りした場合（家主の承諾が前提）
・公団住宅や公営住宅

借地借家法（旧・借家法）には、その適用範囲を細かく定めた規定はありません。しかし、借地借家法1条を読めば、建物の賃貸借に適用されることが明白です。借地借家法（旧・借家法）が適用になると、賃借人は多くの点で法律の保護を受けることになります。

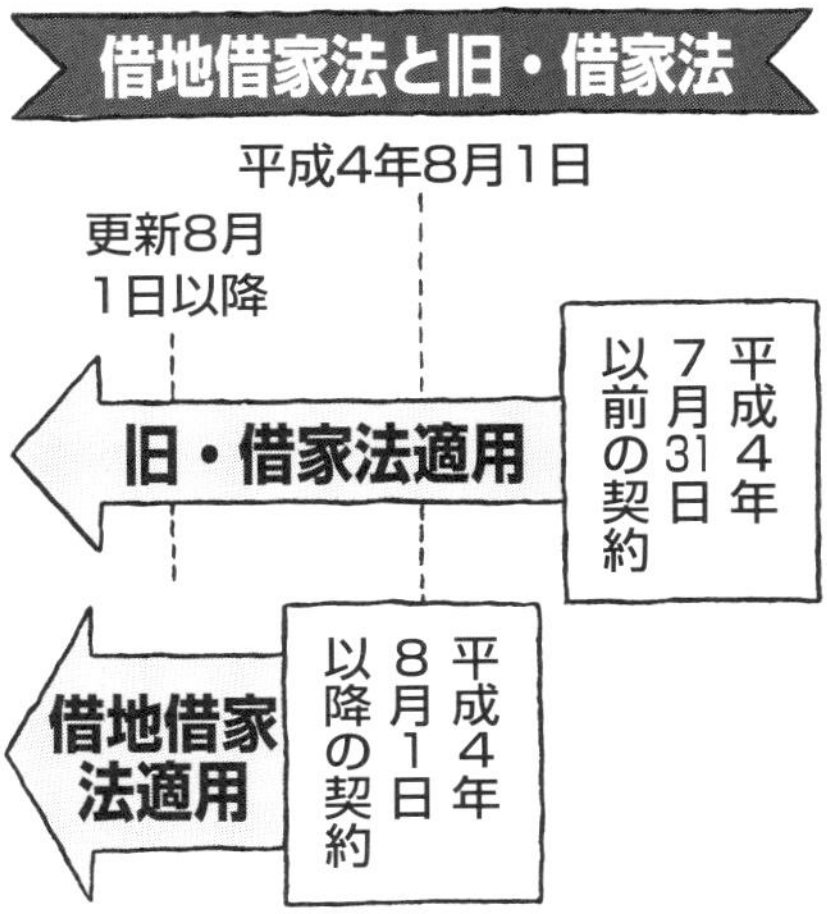

借地借家法と旧・借家法
平成4年8月1日
更新8月1日以降
旧・借家法適用
平成4年7月31日以前の契約
借地借家法適用
平成4年8月1日以降の契約

どちらも賃借人保護を目的としています（10ページ参照）。

●適用されないケース

・ただで借りる使用貸借の場合
・一時使用のためであることが明白な場合
・ふすまや障子で区切られているにすぎない間借り、下宿で、独立した一部とは認められない場合
・デパートなどのケース貸し
・貸し机契約の場合

借地借家法40条（一時使用目的の建物の賃貸借）では「この章（第三章借家）の規定は、一時使用のために建物の賃貸借をしたことが明らかな場合には、適用しない」と定め、一時使用を適用除外としています。旧・借家法にも同様の規定がおかれています（8条）。

また、無料で建物を貸し借りする使用貸借の場合は、更新や明渡しなど重要な部分について借地借家法（旧・借家法）の適用はなく、もっぱら民法の適用となります。

●社宅の場合

社宅については借地借家法が適用になるか否か判例上も分かれています。しかし、雇用関係が終了すれば、貸主（会社）の明渡し請求が認められるのが普通です（57ページ参照）。ただし、相当額の家賃を受領していたケースで明渡しを認めなかった最高裁判決があります。

Q 借地借家法の適用についての条文は

借地借家法1条は、「この法律は、――建物の賃貸借の更新、効力等に関し――必要な事項を定める」とあり、借地借家法が適用されるのは、建物の賃貸借の場合ということになります（借地関係は省略）。

そこで問題となるのが、「建物」とは、どういうものをいうのか、ということです。

例えば、鉄道の高架下の施設も建物になるのか、駅の売店、広告塔なども建物に当たるのか、などの問題です。

こうした借地借家法上、建物に該当するかどうかは、結局は、ケース・バイ・ケースで判断されますが、その判断の基準は、「一棟の建物あるいは一棟の建物に区分された複数の部分があって、そのそれぞれが構造上独立して住居や事務所、店舗などとして利用することができる場合には、それぞれの部分が建物として取り扱われる」としています。

借地借家法（旧・借家法）の適用をめぐるトラブル／ケース 1

安い賃料で貸すと使用貸借になるか

借地借家法(旧・借家法)の適用をめぐるトラブル/ケース 2

社宅に借地借家法の適用はあるか

Bさんは会社の社宅に家族とともに住んでいます。
(株)○×社宅
うちの会社景気悪いらしいぜ
そのうち人減らしかもな…
この際会社を辞めて
自分で事業を始めよう!
会社辞めます!!
辞表
あっそ
じゃあ社宅出てってね
そんなこと急に言われても…
賃借権があるんだ1、2年待ってくださいよ~!!
だって社宅だぜ
会社辞めたら出てくのは当然だろ
社宅でも家賃は払ってるんだ!
立派な賃貸借ですよ
社宅に借地借家法(旧・借家法)が適用されるかされないかは、判例でも分かれています。しかし、適用されるとしても、社宅という特殊な関係から明渡し請求に正当事由が認めれ…
いずれにしても6カ月程度後には明渡さなければならないことが多いようです。
お父さん早まったから…

公団住宅に借地借家法は適用されるか

Cさんは公団住宅に入居していましたが部屋が傷んできたので業者に依頼し、内装を新しくしました。
金はかかったけど壁紙も貼替えて新築みたいだな
ちょっと待ったそれは無断増改築です
出ていってください!!
明渡請求
この程度で？
民間ならいざ知らず公団だからね
ルール違反はダメですよ
公団住宅に借地借家法（旧・借家法）が適用されるかどうかの問題です。
適用
適用なし
なんたって公団！
借地借家法（旧・借家法）が適用になれば
程度の問題ですね
借地借家法
信頼関係が破壊されるほどの無断増改築でなければ明渡しは認められません。
このケースと同様の事例で裁判所は
信頼関係の破壊がなければ明渡し請求はできない
として、公団住宅にも借地借家法（旧・借家法）の適用があるとしました（最高裁・昭和59年12月13日判決）。
公営住宅にも民法の賃貸借、借地借家法、旧・借家法は適用になると考えられます
しかし公営住宅の建替えのための明渡し請求で「正当事由の要件を具備する必要はない」とした判例もあります（最高裁・昭和62年2月13日判決）
明渡し

ケース貸しに借地借家法の適用はあるか

Dさんはデパートの地下食品街の一画で商売をしていました。
いらっしゃ〜い
老舗だんご
だんご
ある日デパートの担当者がやってきました
店を入替えたいんです
立退いてください
そんな
もう何年も商売してるのに！
場所代だって売上げから一定の割合いで
きちんと払っているでしょう？
家賃をいただいてるわけじゃなし…
あなたに居座る権利はありませんよ
同様の事例で、裁判所は一定の場所の賃貸借とはいいにくく
少なくとも借家法の適用はない
としました
（最高裁・昭和30年2月28日判決）。
机貸し契約
このような「ケース貸し」のほか最近増加している「貸し机契約」なども場所に独立性がないことから借地借家法（旧・借家法）の適用はないとされています。Dさんは立退くしかないでしょう。

3.特約をめぐるトラブルと問題点

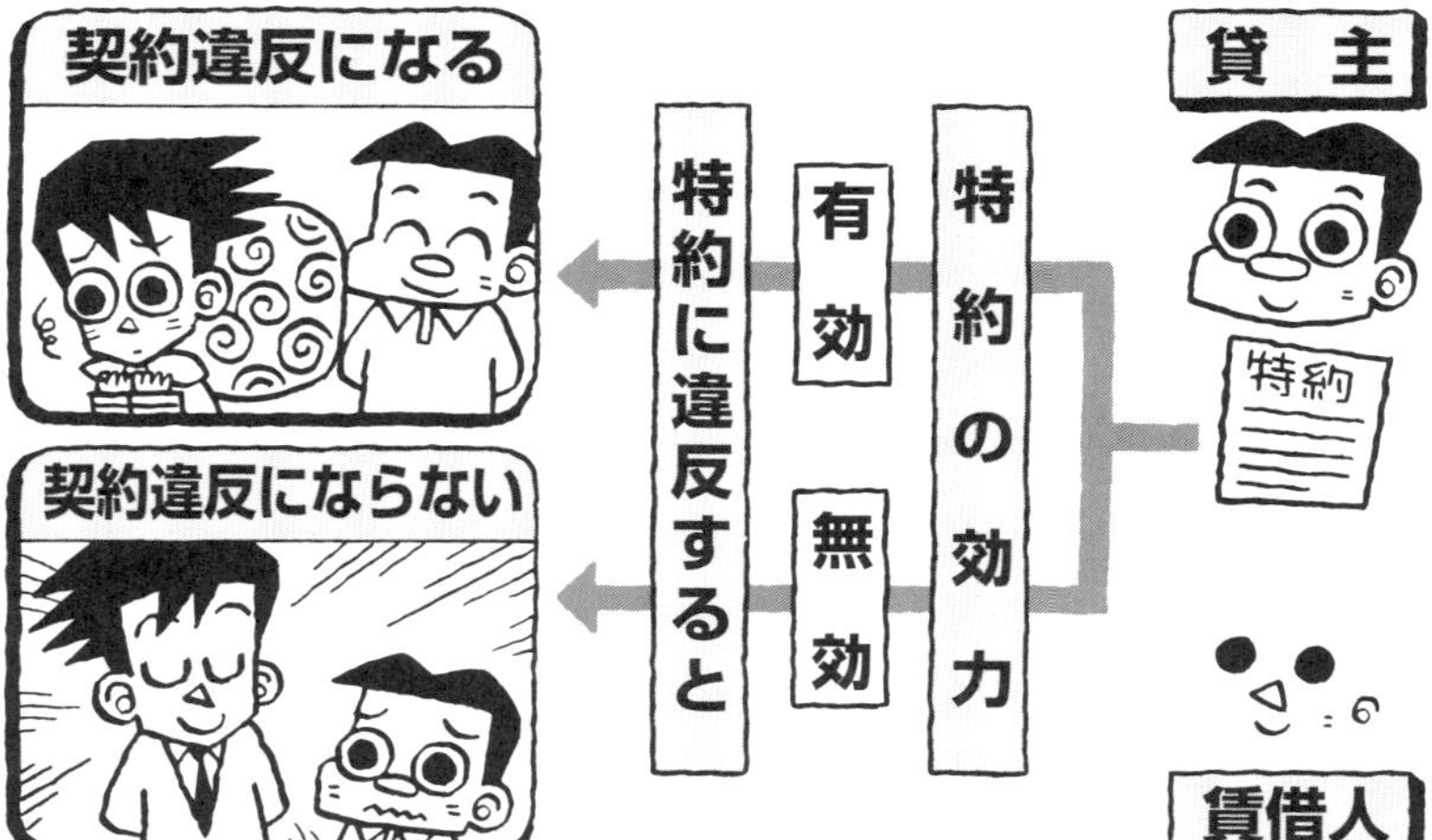

借地借家法では、同法の諸規定に反する特約で、賃借人に不利なものは無効と定めています（30条・37条）。
これは、旧・借家法でもほぼ同じです。

●特約が有効な場合と無効の場合

特約例1 修繕はすべて賃借人の負担においてする。

修繕義務をすべて賃借人に負わせる契約は、一応賃借人に不利な特約とみられますが、無効とされることはほとんどないようです。ただし、天災による破損の場合まで決めた趣旨ではないとされています。

特約例2 賃借人が転貸をしたり同居人を置いた場合には、貸主は直ちに契約を解除できる。

民法612条は「背信的」なものである場合、契約解除ができるとしています。特約があれば背信的でない場合にも契約解除ができるはずですが、判例はこの特約も背信的な行為の場合の制限を定めたものであるとしています。

特約例3 一定期間家賃滞納のときは催告することなく直ちに解除できる

この特約は、一般的には有効だとされています。判例も「そのような特約は借家法6条には該当せず、信義の原則にも反しない」としています（東京高裁昭和30年1月24日判決）。

特約例4 1カ月でも家賃を滞納したときは、なんら催告を要せず、当然に本契約は解除される。

このような特約は無効とされる可能性が高いでしょう。判例も「このような特約は継続的契約関係である住宅の賃貸借の性質上、法的拘束力を持たない」としたものがあります（東京地裁昭和28年11月24日判決）。

特約例5 賃借人が無断増改築や無断造作をした場合は、本契約は解除される。

無断増改築での契約解除は、軽微な違反である場合にはできないとされています。この特約があれば軽微な違反でも契約解除ができるかですが、多くの判例はこれを否定しています。造作買取り請求権については140ページ参照。

特約例6 賃貸人に子供が生まれた場合は、本建物を明渡す。

このような特約は公序良俗に反し、無効とされています。

Q 遅延損害金とその額

遅延損害金については、ほとんどの契約に、特約として記載条項があります。

その内容を見ますと、家賃滞納（延滞）の場合には、「家賃1か月相当額を支払う」「月3％を支払う」などとなっている場合があります。こうした遅延損害金が妥当な額なのかについては疑問がある方も多いことでしょうが、古い判例では、「家賃の1か月相当額の遅延損害金は違法とは言えない」としています。

しかし、平成13年4月1日に消費者契約法が施行され、遅延損害金の予定については、年14・6％を超える部分は無効としていることから、この金利が上限となります。ただし、罰則がありませんので、現在の高利規定が契約上は残ることもあります。

特約をめぐるトラブル／ケース 1

常住人員１人の契約なのに同棲しているが

一人暮らしだったAくんは旅行中に女性と知り合い…
二人はAくんのアパートで共に暮らし始めました。
それに気づいた貸主は
契約違反だ
すぐに出ていってくれ！
○×荘
常住人員一人という特約で入居を許可したんだ
特約
二人で住んだって迷惑かけません
そんな特約おかしいですよ
特約の有効・無効をめぐる争いに発展しました。
結婚しました
しかたない…
祝
結婚の場合、判例や一般通念から見ても夫婦がいっしょに生活するのは当然で法律的には同居するのが義務でもあるので、貸主の立退請求を無視して住んでも一向に差しつかえありません。
さて このケースは同棲ですが同棲の場合も結婚に準ずると考えられ、したがって特約に効力はありません。
愛は勝つ

特約をめぐるトラブル／ケース 2

子供ができたら出ていかなくてはならないのか

新婚のBさん夫婦が見つけたアパートは
子供が生まれたら出ていくという特約付きの物件でしたが
素敵♡
ここにしよう
そんなことはまだ遠い先のこと
二人は契約し新生活をスタート
ところが1年ほどで赤ちゃんが生まれたのでした。
Bさん おめでとう
だけど約束どおり出ていってもらうよ
特約
そんなあ
せめてこの子が大きくなるまで…
子供がいると部屋は汚れるし傷みもはやい
なんたってあんた、特約になってるんだから
特約が有効ならBさん夫婦は出ていかなければなりませんが…
「子供が生まれたら建物を明渡す」というような特約は公序良俗に反し、貸主の権利の濫用といえます。
たとえ契約書に記載されていても無効となります。
Bさん夫婦は建物を明渡す必要はありません。

特約をめぐるトラブル／ケース 3

1回の家賃滞納でも出なくてはならないのか

Cさん家賃まだなんですけど…
すみません
すぐ払います すぐと言っても今はない
Dさん家賃…
うるせえわかってるよ払うよ払えばいいんだろ!
どうして家を貸してこんな不愉快な思いしなきゃならないんだ
私は甘すぎるのかもしれんな
そこで貸主は新しく入居する賃借人の契約書には
家賃を一回でも滞納したらすぐに出てもらいます!
契約書
特約
は はい
このような特約を記載することにしました。
そして…
しまった忘れた
あっ
契約違反だ
出てって!
ついウッカリしてたんです
家賃はホラ、すぐに払いますから
現実には、ここまで典型的なケースはないでしょうが、このように軽微な家賃滞納で解除を可能にするような特約は無効とされることが多いと思ってください。
ホッ
だめか…

特約をめぐるトラブル／ケース 4

ペット禁止を知りながらペットを飼っているが

Eさん所有の マンションは 契約書に 「ペット禁止」の 特約があります。 しかしながら 隠れてペットを 飼う入居者が あとを断ちません。 今までは 見てみぬふりをし てきたのですが…
大家さん 102号室の Eさん
ベランダで 犬を飼ってます
臭いし、うるさいし 子供たちは怖がるし
だいたい このマンションは ペット禁止でしょ？
Eさん！ どうしても 犬を飼うなら 立退いて ください
みんなもペット 飼ってるじゃな いですか！
ワン
どうして うちだけが 出ていかなきゃ ならないんです

契約書
ペット禁止

しかし アパートや マンションで このように 入居者全体の 問題となれば
ガルルルル…
それを根拠にした 立退き請求が 認められる可能性 は大です。

一般に ペット禁止の特約は 効力はあるものの それだけを理由に 立退き請求が できるかどうかは 難しいところです。

なお、特約では 具体的に 「犬、猫、その他、 危険な生き物は 禁止」などと しておくとよい かもしれません。
ホッ

4.家賃をめぐるトラブルと問題点

家賃をめぐるトラブルといえばまず、家賃の滞納です。
まずいよな今月の家賃払ってない
大丈夫俺なんかもう3カ月ためてるぜ
家賃って何だっけ？
滞納があれば、家主は契約違反を理由に契約を解除することができます。

ヒヒ
ヒヒヒ
たちが悪いのはあの二人…
しかし1、2カ月の滞納では契約解除は認められない場合が多く、3カ月以上が目安となっているようです。

次に多いのが家賃の値上げ、または値下げの要求です。
そろそろ値上げしたい
貸主
ここの家賃は高すぎるよ
賃借人
どちらの場合も不当な要求には応じる必要はありませんが…

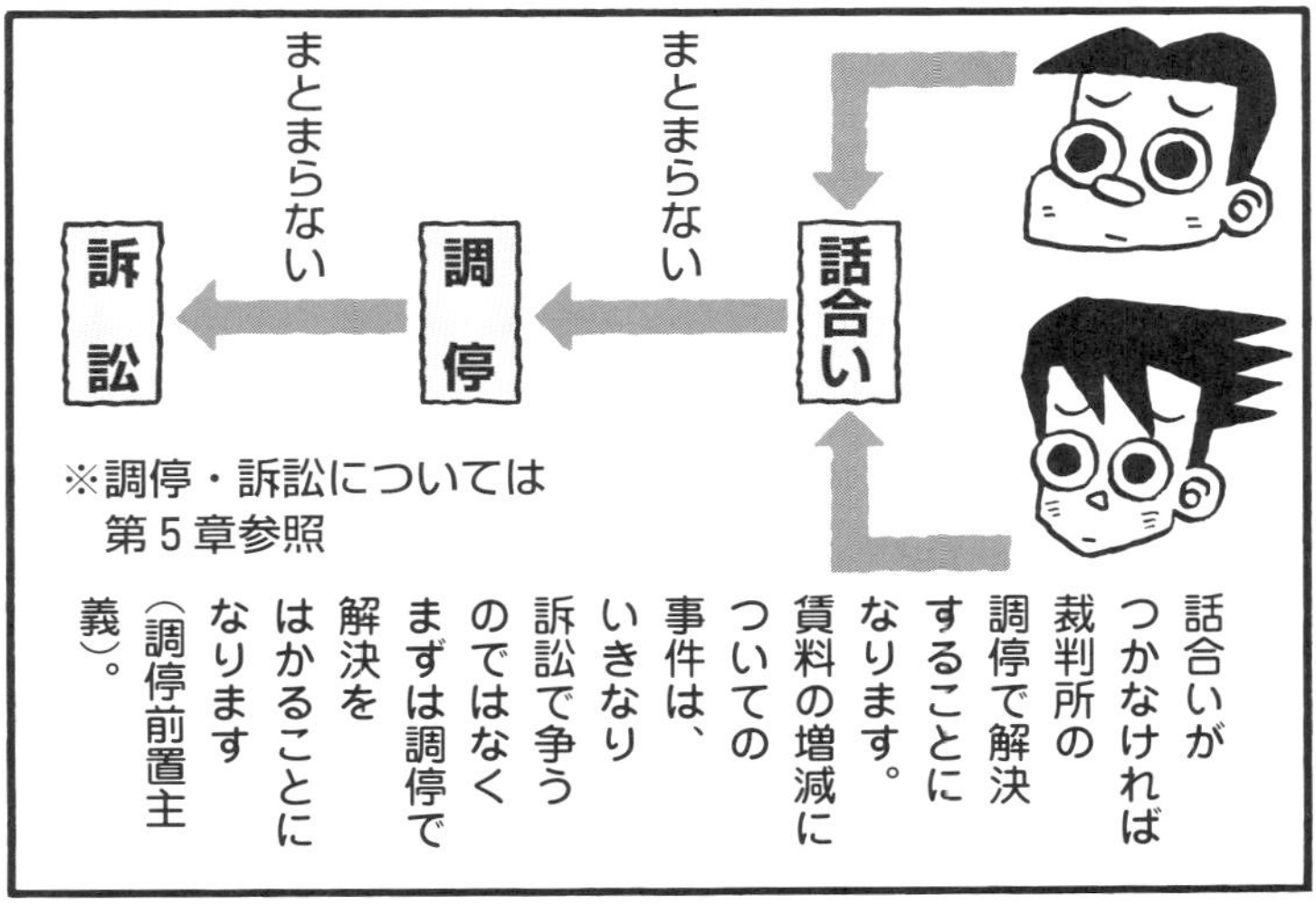
話合い
まとまらない
調停
まとまらない
訴訟
※調停・訴訟については第5章参照
話合いがつかなければ裁判所の調停で解決することになります。賃料の増減についての事件は、いきなり訴訟で争うのではなくまずは調停で解決をはかることになります（調停前置主義）。

68ページから73ページでいくつかのケースをあげながらその解決法と注意点を説明します。

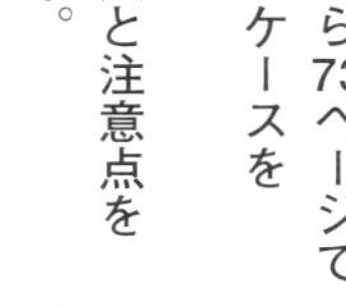

◆賃貸借契約解除通告書

賃貸借契約解除通知書

令和□年□月□日

都道府県市区町村番地

被通知人賃借人　○○○○

都道府県市区町村番地

通知人　甲野太郎㊞

貴方が私より令和□年□月□日付で賃貸された□市□町□番地○○荘□号の賃料について、令和□年□月より現在まで滞納となっていますので、賃貸借契約第□条の約束によって上記物件の賃貸借契約を解除します。よって上記建物より直ちに退去して私に明け渡してください。上記通知します。

以上

◆家賃支払い催告書

家賃支払催告書

令和□年□月□日

都道府県市区町村番地

被催告人賃借人　○○○○

都道府県市区町村番地

催告人賃貸人　○○○○㊞

貴方が私より令和□年□月□日付で賃貸された□市□町□番地○○荘□号の賃料について、令和□年□月より現在まで滞納となっていますので、本月分までの賃料の合計□□円をこの催告書到達後□日以内お支払ください。万一、上記期限内にお支払なきときは、賃貸借契約を解除いたします。

以上

●家賃支払いの催告書（上右の書式）

①賃貸契約書に契約解除の方法について特約のない場合には、まず猶予期間（相当なものでなければならず、普通7日間くらい）を決めておかなければなりません。

②催告期間内に支払いがない場合、本来あらためて解除の意思表示が必要です。上の書式では、停止条件付きで解除の意思表示を行ない、催告と解除の意思表示を同時にしています。

③内容証明郵便にした方がよいでしょう。

●賃貸契約の解除通知書（上左の書式）

①賃貸契約書に、賃料の滞納があると何らの通知催告を要せず直ちに契約を解除できる旨の特約がある場合、この通知書を送ります。

②内容証明郵便にした方がよいでしょう。

●調停前置主義の原則

建物の賃貸借に関わる賃料の増減に関する事件の場合は、いきなり訴訟で争うのでなく、まず調停を申し立てて、調停による解決を図らなければなりません。いわゆる「調停前置主義」です（民事調停法24条の2）。

調停でも解決できない場合には、訴訟で争うことになるかもしれません。調停、訴訟については、第5章で解説します。

家賃の支払いが滞っているが

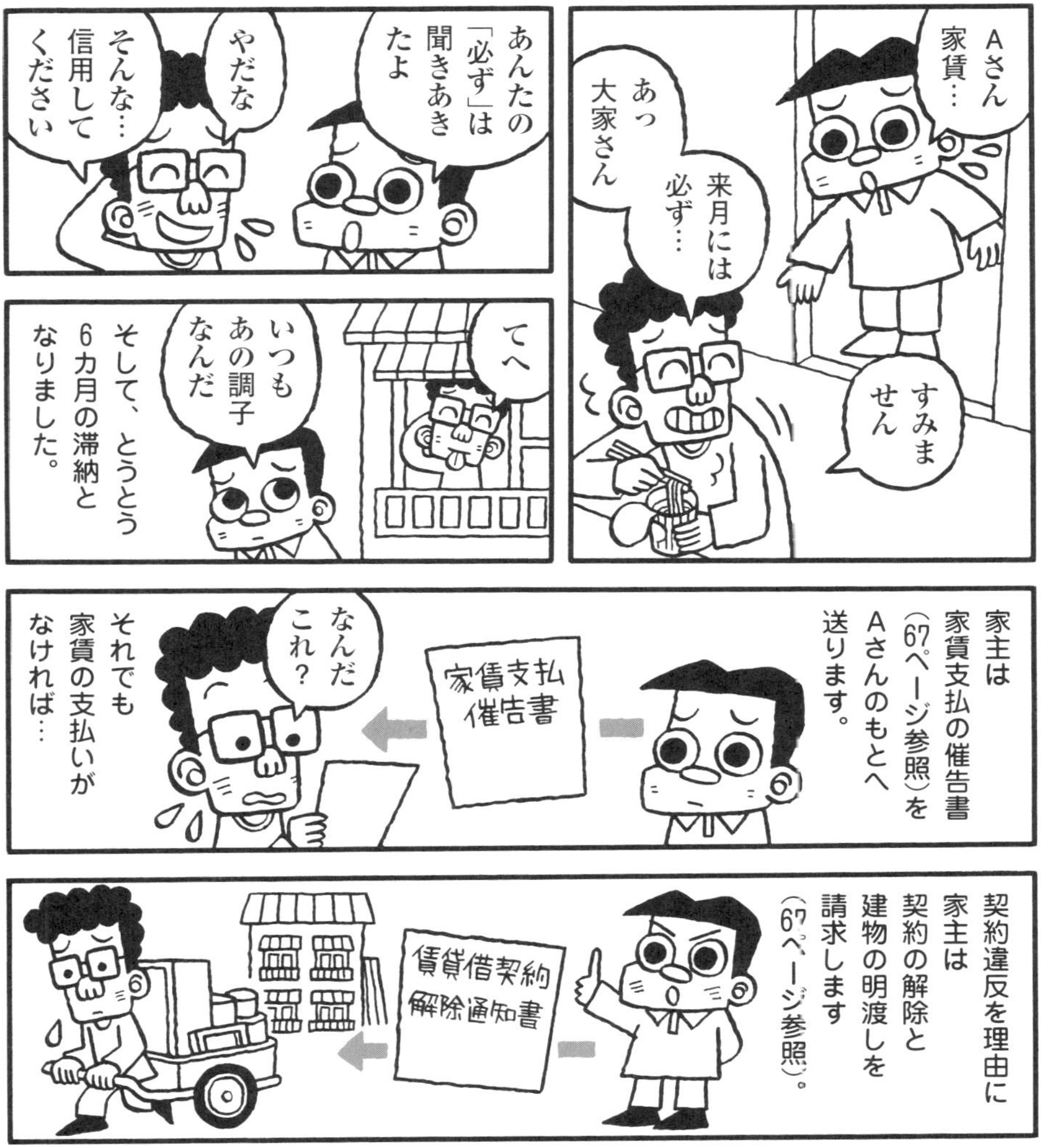
Aさん家賃…
あっ大家さん
来月には必ず…
すみません
あんたの「必ず」は聞きあきたよ
やだな
そんな…信用してください
てへ
いつもあの調子なんだ
そして、とうとう6カ月の滞納となりました。
家主は家賃支払の催告書（67ページ参照）をAさんのもとへ送ります。
家賃支払催告書
なんだこれ？
それでも家賃の支払いがなければ…
契約違反を理由に家主は契約の解除と建物の明渡しを請求します（67ページ参照）。
賃貸借契約解除通知書
1、2ケ月程度の滞納では明渡しを認められる理由にはなりにくく、3カ月以上の滞納が目安と思われます。
滞納3カ月で明渡してもらいますからね
はい
貸主としては、契約のとき予め滞納期限を決めておくと有利になることがあります。

家賃をめぐるトラブル／ケース 2

長年すえおいた家賃を値上げしたい

長年家賃をすえおいてきたけれどそろそろ値上げしたい

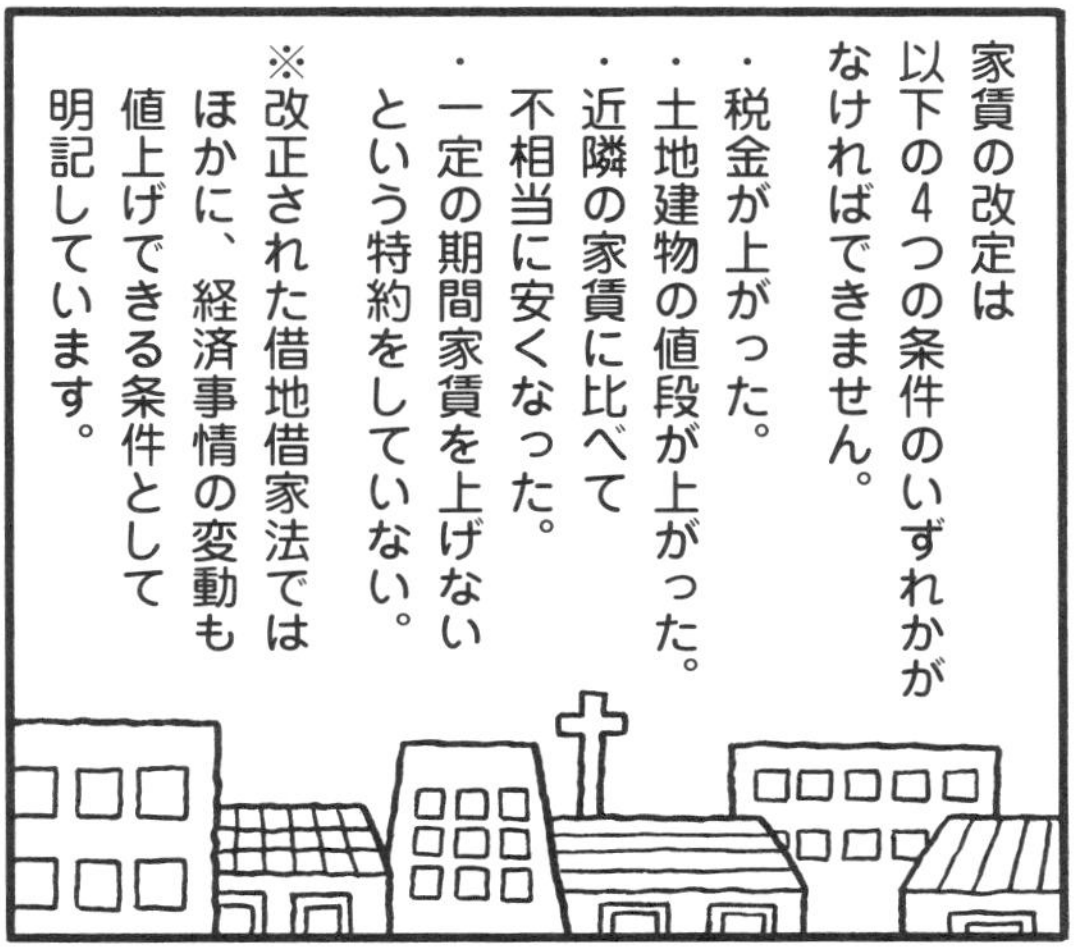
家賃の改定は以下の4つの条件のいずれかがなければできません。
・税金が上がった。
・土地建物の値段が上がった。
・近隣の家賃に比べて不相当に安くなった。
・一定の期間家賃を上げないという特約をしていない。
※改正された借地借家法ではほかに、経済事情の変動も値上げできる条件として明記しています。

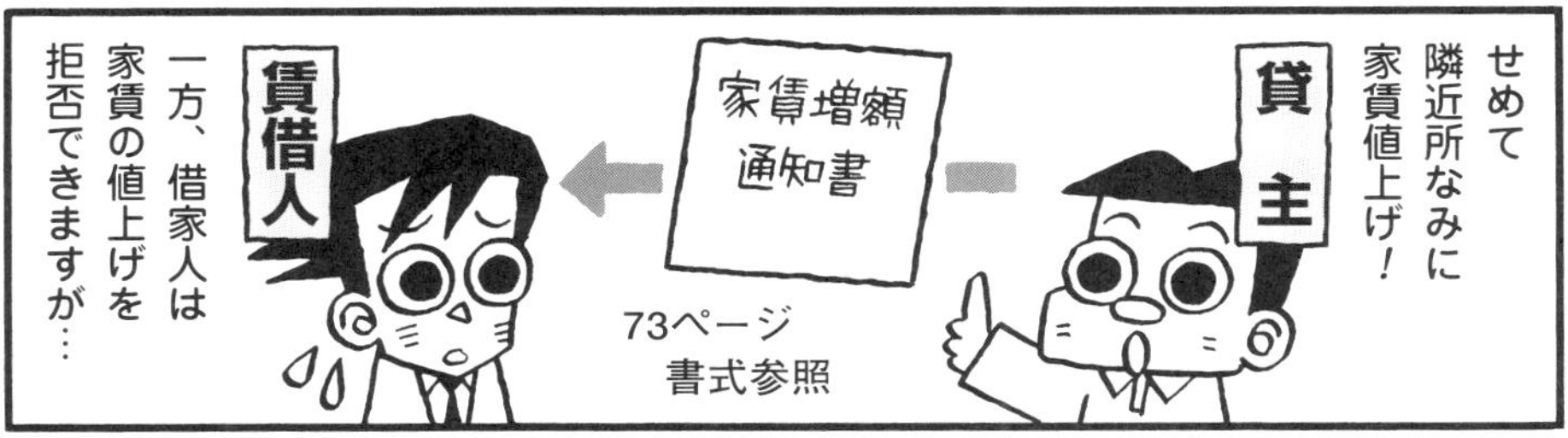
せめて隣近所なみに家賃値上げ！
貸主
家賃増額通知書
73ページ書式参照
賃借人
一方、借家人は家賃の値上げを拒否できますが…

その額では受取れないよ
いままでの家賃を貸主が受取ってくれないとき、そのままでは家賃滞納になってしまいます。
供託書
73ペー参照
供託
賃借人としては家賃を供託してこれに対抗します。

両者の話合いで値上げの合意ができない場合は、裁判所にまず調停を申立てます
（調停前置主義
67ページ参照）
簡易裁判所
調停申立
調停でも解決できないときは訴訟で争うことになります（第5章参照）。

賃借人からの家賃の減額請求はできるか

家賃をめぐるトラブル／ケース 4

家賃をさかのぼって請求することはできるか

そろそろ家賃値上げの時期だがBさん近いうちに越すと言ってるしな…
気持ちよく建物を明渡してもらおうと家賃をすえおいていたのですが…
Bさんはなかなか引越しません
引越しは？
とうぶんごやっかいになりますよ
こんなことなら家賃値上げしておくんだった
そうだ！
今まですえおいた分もらわなきゃ！
約束が違うじゃないか
そんな約束してません
引越せたらいいなと夢を語っただけです
借地借家法の32条1項には「建物の借賃の増減は将来に向かって請求できる」ことが明記されています。したがって、過去にさかのぼって請求することはできません。
このケースとは別に、明渡しがダメなら家賃を上げて…というケースがよくありますが
なかなか立退いてくれない
家賃を上げれば払いきれずに立退くかも…
その場合も適正な値上げの範囲内なら認められますが
家賃来月から2倍ね
そんな馬鹿な！
根拠のない大幅な値上げは認められません。

家賃値上げと敷金の追加を言われたが

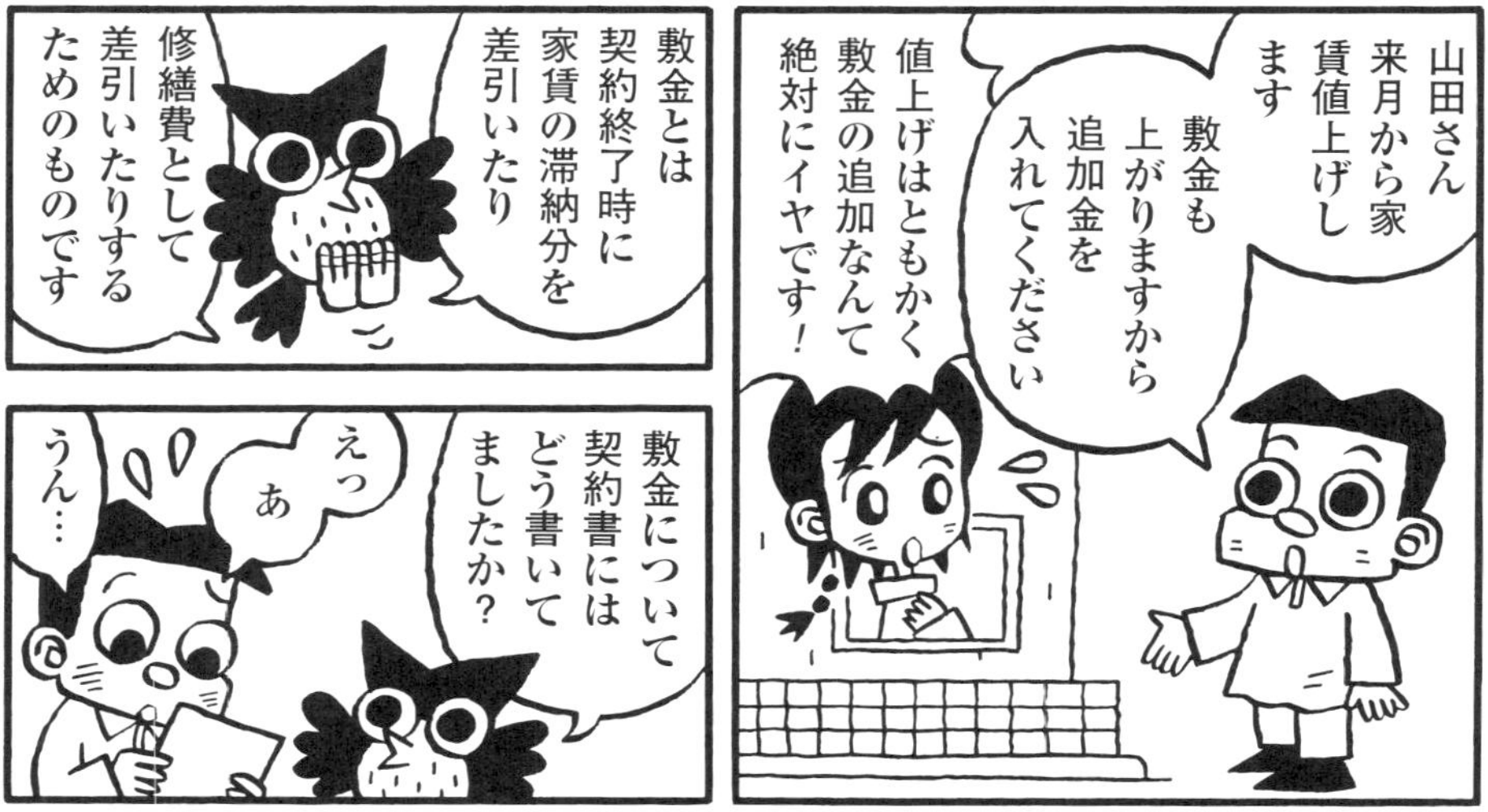
山田さん
来月から家賃値上げします
敷金も上がりますから追加金を入れてください
値上げはともかく敷金の追加なんて絶対にイヤです！
敷金とは契約終了時に家賃の滞納分を差引いたり
修繕費として差引いたりするためのものです
敷金について契約書にはどう書いてましたか？
えっ
あ
うん…

タイプA
契約書
敷金
○○万円
この場合
敷金の追加は必ずやらなければいけないというわけではありません。
円満関係な
賃借人としては貸主との円満な関係のためにやった方がいいという程度です。

タイプB
契約書
敷金
家賃○カ月分
この場合
賃借人は追加敷金を入れる必要があります。
旧家賃
追加敷金
新家賃
すみませんねえ
これからもよろしく

家賃の値上げは必ずしも書面である必要はなく、口頭でもできます。
それで賃借人が納得すれば問題ありませんが
反対
まいったな…
話がこじれて値上げはイヤだと言ってる…
将来のためにも一応は書面で請求しておいた方がよいでしょう。

値上げは絶対にイヤ!!
請
それでも賃借人が納得しない場合、まずは誠実に話合うことですが…

それでも折合いがつかないときには調停を申立てる(調停前置主義⬇67ページ参照)ということになります

◆家賃増額請求書

家賃増額通知書

令和□年□月□日

都道府県市区町村番地
賃借人　○○○○

都道府県市区町村番地
賃貸人　○○○○㊞

私は貴方に○○県○○市○○町○番地○○荘○号室を平成□□年□月□日に、賃料1か月金□□円でお貸ししました。その後、□年を経過し、今日では物価上昇・公租公課が増額し近隣の賃料と比較し、上記契約賃料では著しく不相当であります。よって上記契約賃料を本状到達の翌月から1カ月金□□円に増額致したく、今後はこの増額金額をお支払いください。

以上

なお、このような場合賃借人としては「供託」という方法で貸主に対抗することができます。

供託

相当とする額(これまでどおりの家賃など)を法務局に供託し払い続ける

これは、貸主が家賃の受取りを拒否した場合に債務不履行を免れるための手段です。なお、貸主はこれを家賃の一部として受け取ることも可能です。

◆供託書

供託書（地代・家賃弁済）　（第5号書式 印供第1号）

（注）1. 供託金額の冒頭に￥記号を記入し、又は押印すること。
なお、供託金額の訂正はできない。
2. 副本は折り曲げないこと。

申請年月日	令和　年　月　日	法令条項	民法第494条	令和　年度金第　号
供託所の表示				
供託者の住所氏名印	（代理人による供託のときは、代理人の住所氏名をも記載し、代理人が押印すること。）			
被供託者の住所氏名				
1. 供託により消滅すべき質権又は抵当権 2. 反対給付の内容				
供託金額	百　十　万　千　百　十　円			

供託の原因たる事実				
契約内容	賃借の目的物			
契約内容	賃料	円	支払日	日
契約内容	支払場所	1. 被供託者住所　2. 供託者住所　3.		
供託する賃料		令和　年　月分		
供託の事由	1. 令和　年　月　日提供したが受領を拒否された。			
供託の事由	のため　2. 受領することができない。 3. 受領しないことが明らかである。 4. 債権者を確知できない。			
備考				

上記供託を受理する。
供託金の受領を証する。

令和　年　月　日

法務局

供託官　㊞

5.建物の使用をめぐるトラブルと問題点

賃貸契約は貸主と賃借人との信頼関係によって成立しています。

この人になら安心して貸せる
よろしくお願いします
信頼関係
契約
契約

契約が成立したら貸主には家を引渡し、必要な修繕を行なう義務があります。賃借人には契約内容を守って建物を使用する義務があります。

そして、賃借人の側に義務違反があれば、貸主は賃借人に対し契約の解除を求めることができます。さらに、ケースによっては損害賠償請求をすることもできます。

契約を解除します出ていって
契約義務違反
そんなあ!

賃借人に責任があるとき

損害賠償（民法415条）

賃借人が借家を破損させた場合などに善管注意義務違反として、債務不履行に基づく損害賠償請求ができる

契約解除
明渡し

（民法540条1項）

普通に生活してただけなのに
契約解除だなんて…

このとき問題になるのは賃借人の行為の何が、どの程度であった場合に「契約義務違反」となるかです。

だって契約書に…
契約書

判断の基準になるのは契約内容です。ただし、契約書に定めてある事項でも無効となることもあります。その場合、契約解除はできません。

建物の使用をめぐるよくあるトラブルについては左ページをご覧ください。

さらに76～85ページでは具体的な例をあげて解説します。

●建物の使用をめぐるトラブル

建物の使用をめぐるトラブルとして、次のようなケースが考えられます。

①賃借人が家賃を払わない場合

家賃の不払いが相互の信頼関係を破壊するに至る程度の不誠実があった場合には、契約解除ができます。

②賃借人が無断で借家の増改築をしたり模様替えなどをした場合

貸主と賃借人の信頼関係を裏切るような程度になれば、契約を解除できます。たとえば、普通の住宅を店舗に改造したり、建物の一部を壊して新しくするなどです。

③賃借人が賃貸建物を乱暴に使用した場合

ケースにもよりますが、家屋を破損したような場合には、修繕するか、修繕費を貸主に弁償することになります。それが度重なり、契約関係を継続するのが難しいと思われる場合には、契約を解除できます。

④賃借人が契約で決めた使用目的とは違う建物の使い方をしたとき

たとえば住居として賃貸契約した家屋を、店舗や事務所として使用したような場合、契約を解除できます。

⑤賃借人が隣近所に迷惑をかけている場合

ピアノの音がうるさいなどというケースがあります。アパート等では使用に関する約束がある場合が多く、注意しても聞かない場合には、契約解除して明渡してもらうしかないでしょう。

⑥入居人同士のトラブルの場合

入居人同士のトラブルは、直接貸主には関係のないものです。しかし、往々にして家主に苦情が持ち込まれます。注意することは必要でしょうが、それでも解決せず手の打ちようがない場合もあります。

⑦賃借人の過失で火事になった場合

故意あるいは重過失の場合を除き、賃借人が火事を出しても隣近所に対して損害賠償の義務はありません。しかし、賃借人は貸主に対しての損害賠償義務があります。

●建物の修繕をめぐるトラブル

長く賃貸借契約を結んで住んでいるうちには、建物の修繕が必要になる場合があります。小修繕（畳替え、壁の塗替え等）や賃借人の過失によって必要になった修繕は賃借人の負担、建物の老朽化や欠陥建築などによる修繕は貸主の負担というのもあるようです。貸主がこれを怠れば、貸主の側の義務違反となります。

建物の修繕についてはどこまでが貸主の負担であるか、修繕か改造か等、トラブルが多いようですので、とくに86～93ページで詳しく解説します。

Q 男友達を泊めると用法違反か

未婚の女性が男友達を泊め、そのことを理由に契約解除をすると言われたら、どうなるでしょうか。

通常は、これは個人の道徳観の問題であり、誰かに迷惑をかけたわけでもなく、使用方法に反している（用法違反）とも言えないでしょうから、契約解除はできないと思われます。

ただし、それが売春のためであったりすれば、売春は違法行為ですから、契約解除できると思われます。

また、男性の宿泊を禁止ている学校の女子寮などであれば、退去を求められてもしかたがないでしょう。

個人店舗として貸したら会社にされた

○×薬局
おかげさまで店を持てました
頑張ってください
個人店舗にするからということで賃貸契約を結んだ店が、その後急成長。商売繁盛はけっこうなのですが…
ドラッグスト
○×株式会社
法人と契約したおぼえはないぞ！

いつのまにか会社組織になっていたのです。このような場合、賃借人の契約違反となるのでしょうか？

第一に使用目的に反する契約違反となるかどうかが問題となります。

契約違反だ！契約を解除する
出て行ってくれ！

そんなあ！

次に第三者への転貸かどうかが問題となります。

取引先との関係も税制上でも会社組織の方が有利なんです
商売の方もやってることも以前と変わりません！

この場合、使用の実態に変化がなければ問題はありません。判例も、個人企業を会社組織に改めても、背信行為と認める特段の事情があるとは認められないとして解除権は発生しないとしています（最高裁・昭和39年11月19日判決）。

しかし、単に個人事業が法人化されただけでなく、組織が拡大し、建物の一部を社員の居住用に使わせるとかになれば、無断転貸となります。

あんた誰？

この支店の店長です
社長なら銀座本店にいますよ
ドリンク

賃借人がアパートで商売を始めた

よろしくお願いします
趣味は読書です
おとなしくて真面目そうな成年だ…
ところがこの成年の本好きは趣味どころではなく…
大の古本マニアだったのです。
部屋の中は古本の屋のとなり
いつのまにか古書売買の商売を始めていました。
うちのアパートでそんな商売されちゃ困る
出ていってくれないか
そんな〜
賃貸借契約で使用目的が居住用となっている場合に、アパートの一室で事務所を開き商売を始めたとき、契約に違反するかどうかが問題です。
やぁ
また来いよ
いい本入ったかい？
いらっしゃい
程度の問題ですが、頻繁に客が訪れまたそうでなければ成立たないような商売であるなら、居住用としての契約違反になると思われます。契約解除の上立退きを請求できます。
しかし、通常の居住と変わらないようなら、商売を始めたことを理由に契約解除、立退きを求めることはできないでしょう。
インターネットとカタログを利用した通信販売なので
大家さんやアパートの方々には迷惑かけません

上階からの水漏れで損害を受けた

賃貸マンションの上階からの水漏れで服や電化製品が大損害です。
うわ～あ何だこりゃあ
ポタ ポタ ポタ
弁償してくれ！
え～
そんなあ
どうしました
あっ大家さん弁償してください
問題は水漏れ責任が誰にあるかです。
水漏れを起こした部分が上階の住人の占有部分で、さらにその人に水漏れの原因があるなら上階の人に損害賠償請求をすることができます。
風呂の水が…
水漏れを起こした部分が共有部分なら貸主（管理責任者）に損害賠償請求をすることになります。
これが原因だ
貯水タンク
ただし、いずれの場合も賠償を請求できる範囲は現に損害を受けた額です。服も電化製品もそれぞれの時価（新品の価格ではない）です。クリーニングや修理で大丈夫なら、その費用だけ請求できます。
なお、水漏れの原因が手抜き工事などである場合、家主は住人に損害賠償した上で最終的には建設会社に損害賠償請求することになります。
建設会社
賠償請求
修繕などのトラブルについては86～93ページでも解説します。

賃貸建物の使用をめぐるトラブル／ケース 4

賃借人が庭の木を勝手に切った

いい家を借りられたなあ
でもこの木さえなければ明るくなるのに…
え～い切っちゃえ
ド～ン
うわ～あ
先祖代々伝わる木がなくなってる～う!!

なんてことしてくれた！損害賠償だ
そして家を出ていってくれ！
そんなあ
庭の手入れですよ

賃貸契約の中には、建物の使用に必要な限度内でその敷地を使ってよいということが当然に含まれます。

賠償！
ごめんなさい

しかし、敷地内の木は独立した不動産です。これを貸主の承諾なしに切り倒すことは賃借人の建物以外の敷地等を利用できる範囲を超えています。貸主は賃借人に対し損害賠償を請求することができます。

もう切りません

ただしそのことによって賃貸借契約を解除し立退きを請求できるかどうかは別の問題です。

なお、合理的な範囲内で垣根を良くしたり、柿の実を取ったり、木の枝を切ったりすることはとくに貸主の意思に反しなければ差し支えないでしょう。

賃借人の不注意で火事になった

借家から火が出て火事になりました。被害は拡がり隣近所にまで多大な迷惑をかけてしまいました。

さて火を出した賃借人の責任はどうなるのでしょうか？

家主への賠償

借家人は、賃貸借契約により家屋を善良なる管理者の注意をもって保管しなければならない義務があります。どんなささいな過失によって火事を出したときでも、貸主に対しては全損害の賠償をしなければなりません。つまり、失火により借りていた家屋を返せなくなったので債務不履行による損害賠償をしなければならないのです。

類焼など隣近所への賠償

「失火ノ責任ニ関スル法律」で故意（たとえば火元の人が、保険金詐欺をたくらんで放火したなど意識的に火をつけた場合）にやったとか、あるいは重大な過失がなければ、隣近所に対する損害賠償の義務はないとされています。しかし、ちょっとした注意をすれば、火事にはならなかったというような重大な過失があれば、損害賠償しなければなりません。

賃借人の小さな過失で火事になり、賃借建物と隣近所を焼いたときなら、隣人に対しては損害賠償義務はありません。

貸主に対しては家屋返還義務の債務不履行として損害賠償が必要です。

賃貸建物の使用をめぐるトラブル／ケース6

ピアノによる騒音や家屋の破損は

大学生です
よろしく
お願いします
こんなボロ
アパートで
よかったら
木造二階建て
のアパートに
大学生
A子さんから
入居の希望が
あり、
賃貸契約を
結びました。
ところが…

オーライ
オーライ
ピ
ピアノ!!

ピアノなんか
弾いたら
騒音だし
床が
抜けたら
どうしてくれ
るんです
でも私
音大生なん
ですよ…

しかし、A子さんはピアノを設置してしまいました。

言うことを
きけないなら
契約解除だ！

契約書にピアノ設置禁止の特約がなければ、賃貸契約をした後で貸主にピアノの設置を拒否され、無断でピアノを設置しても法律上それを理由に契約解除されることはありません。

ホッ

メリ
メリ…
弁償だ！
契約解除
だ!!
しかし
貸主の反対を
押切ってピアノを
設置して、
それで床が抜けて
しまった場合には、
賃借人の責任で
改修させられたり
契約解除をめぐり
争いになったり
するでしょう。

また、ピアノの音が
騒音となり
受忍限度を超えれば
A子さんに損害賠償
を請求できます。
ただし、これは
程度の問題ですので
ケースバイケースです。
話合いがつかなければ
最終的には訴訟にまで
なりかねません。

マージャンの音がうるさくて眠れない

ジャラ ジャラ ジャラ ジャラ
あ~ またか
もう ガマン できない
Aさん 何度言ったら わかるんです
出ていって もらいます!
大家さん…
再三の注意にも かかわらず 改善してくれない
契約解除して 立退いてもらいたい と考えるのも 無理はありません
しかし…
もう しません
立退きだけは…
相手が素直に応じるとは限りません。
契約解除が認められるかどうかは、賃借人の行為が信頼関係を裏切り、もはや賃貸関係を続けるのが難しいと思われる状況が必要です。
ジャラ ジャラ ジャラ ジャラ
うわ~ また やってる
騒音の程度、賃借人の誠実さなど個々のケースで異なります。
最終的には裁判で解決することになるかもしれません。
出てって くれ 訴えて やる!
そのときには隣室の人などからも被害状況を聞き
私たちも…
迷惑 してます
抗議の意思をはっきりさせておくということです。

賃貸建物の使用をめぐるトラブル／ケース 8

部屋が乱雑なので出ていってもらいたい

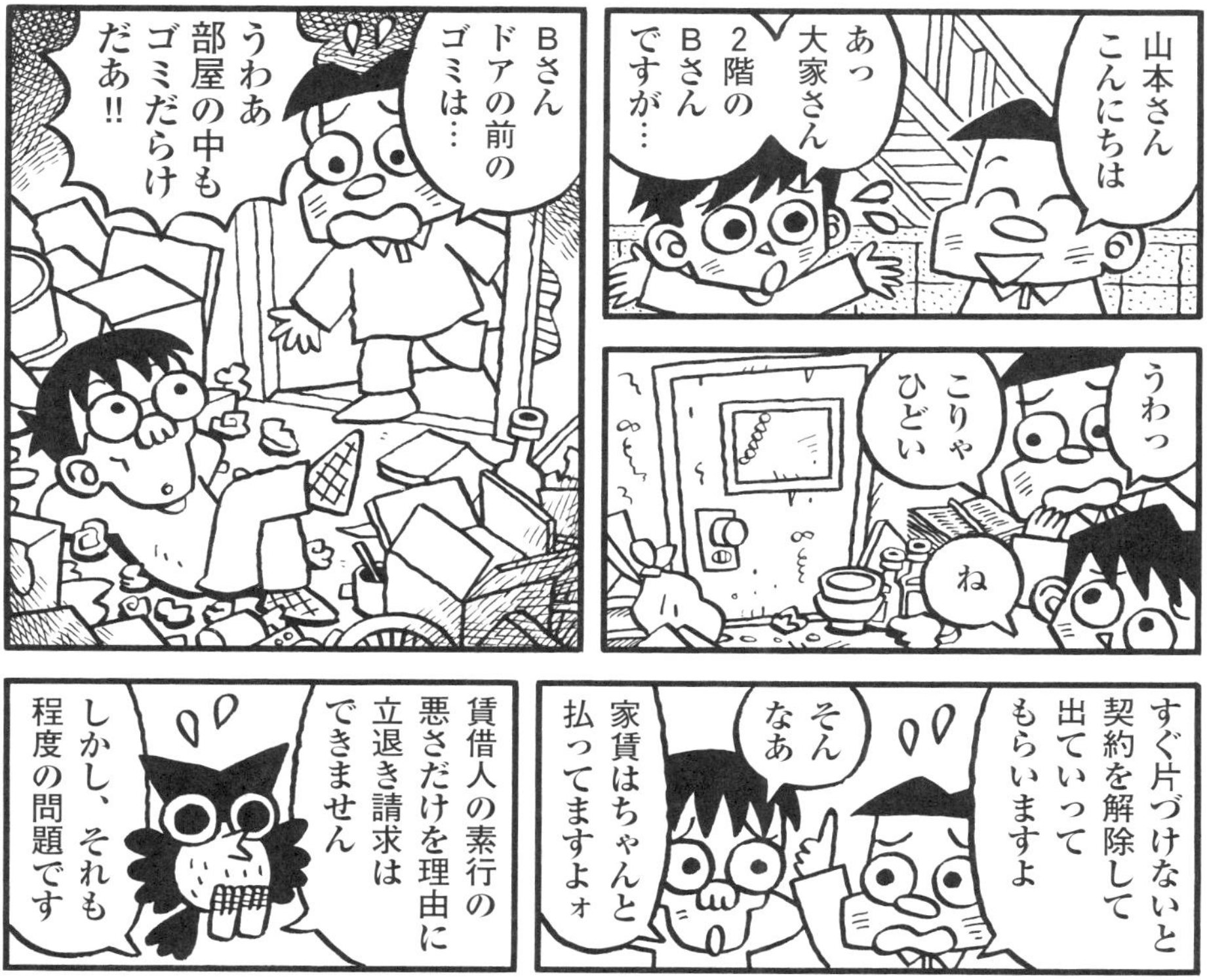
山本さん こんにちは
あっ 大家さん 2階の Bさん ですが…
うわっ
こりゃ ひどい
ね
Bさん ドアの前の ゴミは…
うわあ 部屋の中も ゴミだらけ だあ!!
すぐ片づけないと 契約を解除して 出ていって もらいますよ
そん なあ
家賃はちゃんと 払ってますよォ
賃借人の素行の 悪さだけを理由に 立退き請求は できません
しかし、それも 程度の問題です
乱雑・不潔
騒音
くさい
危ない
うるさい
近所の人に迷惑をか け、再三の注意にも それを改めようと しないとか
乱暴
バキッ
部屋の使用が乱暴で 家屋保管義務違反に あたるようであれば
もうダメです 立退いてください
それを 理由のひとつして 契約を解除し 立退きを請求するこ とができるでしょう。

賃貸建物の使用をめぐるトラブル／ケース 9

入居した暴力団員に出ていってもらいたい

きゃっ
よっ
203に越して来た人暴力団員ですよ！
なんだって
俠任
よろしく
小さな子供もいるのに…心配です
たいへんだ弱ったな…

建物区分所有法60条（俗に言うマンション法）では、「訴えをもって、悪質な占有者（賃借人を含む）に対する引渡請求」を認めています。

また、暴力団員に限らず、規定された義務に著しく違反する場合、区分所有権の競売を裁判所に請求することができます。

ただし、そのためには区分所有者および議決権の各4分の3以上での決議が必要です。

議決が得られれば、裁判所に立退き、または所有権の競売を請求することができます。

出て行け!

契約解除！

アパートの場合でも、貸主や入居者に危害が及ぶような状況があれば貸主は契約を解除し明渡しを求めることができます。

入居者同士の仲が悪いが

テレビの音がうるさいよ！
そっちこそステレオうるさいんだよ！
入居人同士の仲が悪くつまらないことでケンカしています。こういう問題は入居人同士で話合い、解決してもらうべきものですが
その苦情が貸主のところに持ちこまれることも多いようです。貸主としてはそれぞれに注意をして仲良くやってもらいたいものですが…。
大家さんなんとかしてください
それはこっちのセリフだ
まあまあ二人とも
大人なんだから…
馬鹿野郎
死ね！
ドカンドカン
ドカドカ
うわ～まただ…
注意してもダメならいっそ二人ともに出ていってもらいたい
どうして俺が立退くんだ
出るならこいつだけだ
単に「仲が悪い」というだけの理由で、両者あるいはどちらかとの契約を解除し、立退いてもらうというわけにはいきません。
しかし、ケンカで建物を壊したり
うわ～なんてことを…
あの二人のケンカの声で夜も眠れません
騒音を出して隣近所に迷惑をかけるようなら明渡し理由の一つにはなるでしょう。

6.建物の修繕・増改築・内装などの問題

長く建物賃貸借契約を結んでいる間には、建物の老朽化や自然災害などにより修繕が必要になってきます。

お父さん雨漏りよ
大家さんに直してもらおう
ギクッ

その修繕費用を貸主と賃借人とどちらが負担するかが問題になることがあります。

大修繕は貸主の負担

小修繕は賃借人の負担

修繕費用については特約で「建物の主要構造」部分については貸主が、部分的な小修繕については賃借人が費用を負担して自ら行うと定めることがあります。小修繕の費用を家主は負担しないという趣旨です。

しかし、それでも「どこまでが小修繕でどこからが主要構造部分の修繕であるか」などで、両者の間でもめることが少なくありません。

屋根は主要構造部分ですよ

また、賃借人の家族構成、ライフ・スタイルの変化などにより

許可してください

賃借人が増改築や内装のリニューアルの承諾を求めることもあります。

いずれの場合もケースバイケース、どのような賃貸契約を結んでいるかでも事情が変わります。

ひどい大家だ
わがまま賃借人め!!

それだけにトラブルに発展することも多いようです。

88〜93ページで
具体例をあげながら解説します

家屋の修繕と費用

修繕に関しては、民法は「賃貸人は、賃貸物の使用及び収益に必要な修繕をする義務を負う。ただし、賃借人の責めに帰すべき自由によってその修繕が必要なときは、この限りでない。」（606条1項）と規定しています。このように、修繕義務は貸主にありますので、賃借人が修繕をした場合も貸主に対して費用請求ができます。ただし、特約によって賃借人が修繕の負担をさせることができ、程度によっては問題となります。

◆修繕の通知書

賃借建物修繕の通知書

令和□年□月□日

都道府県市区町村番地
賃貸人　○○○○

都道府県市区町村番地
賃借人　○○○○㊞

私は貴方から借りている家屋は□月□日の台風のため屋根及び壁等が破損し、雨漏りが著しいので至急修繕してください。万一、7日以内に修繕の着工がないときには、やむなく当方で修理致し、修理費は後日、ご請求申し上げます。

以上

家屋の増改築と貸主の承諾

賃借人が家屋の増改築などを希望するときには、あらかじめ貸主に対し、増改築などについての承諾を得ておくのが普通です。無断で増改築などを行なうと、後でトラブルとなり、場合によっては契約解除、貸主から家屋の明渡しを請求されることもあります。

右サンプルは、文書で増改築などの承諾を得るときのためのものです。

◆増改築等承諾書

増改築等の承諾についてのお願い

令和□年□月□日

都道府県市区町村番地
賃借人　○○○○

都道府県市区町村番地
賃貸人　○○○○㊞

私が賃借している下記⑴の住宅の増改築等を、下記⑵のとおり行いますので、承諾願います。

記

⑴住宅	名　称	
	所在地	
	住戸番号	
⑵増改築等の概要　別紙のとおり		

承　諾　書

上記について承諾いたします。
（なお、　　　　※確認事項等があれば記載する）
令和□年□月□日
（賃貸人）都道府県市区町村番地
○　○　○　○　㊞

賃貸建物の修繕・増改築などをめぐるトラブル／ケース 1

雨漏りするので修繕してもらいたい

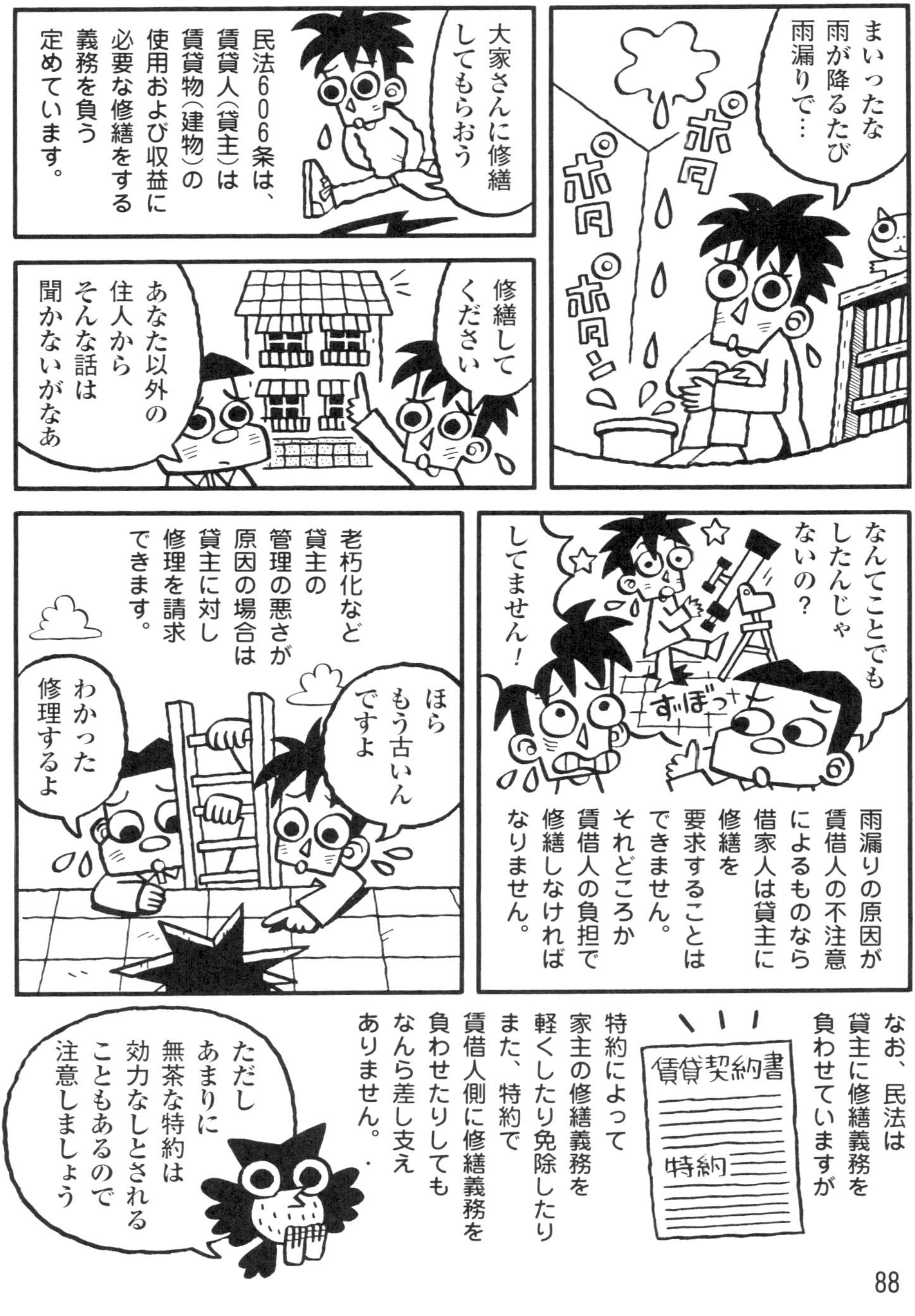
まいったな 雨が降るたび 雨漏りで…
ポタ
ポタ
ポタ
ポタン
大家さんに修繕してもらおう
民法606条は、賃貸人（貸主）は賃貸物（建物）の使用および収益に必要な修繕をする義務を負うと定めています。
修繕してください
あなた以外の住人から そんな話は 聞かないがなあ
なんてことでもしたんじゃないの？
してません！
ずぼっ
雨漏りの原因が賃借人の不注意によるものなら借家人は貸主に修繕を要求することはできません。それどころか賃借人の負担で修繕しなければなりません。
老朽化など貸主の管理の悪さが原因の場合は貸主に対し修理を請求できます。
ほら もう古いんですよ
わかった 修理するよ
なお、民法は貸主に修繕義務を負わせていますが
賃貸契約書
特約
特約によって家主の修繕義務を軽くしたり免除したりまた、特約で賃借人側に修繕義務を負わせたりしてもなんら差し支えありません。
ただし あまりに 無茶な特約は 効力なしとされる こともあるので 注意しましょう

修繕代は誰が負担するのか

いい物件がありますよ
なにしろ新築ですからね
○×不動産
よろしくお願いします
こちらこそ
と喜んで入居したのもつかのま
うわ～っ何じゃこりゃ～!!
めりめりめり～～
新築にもかかわらずすぐに建物の一部が破損してしまったのです。すぐに貸主に連絡したのですが……。
なかなか修繕してくれないばかりかあげくに…
新築の家がそう簡単に壊れるはずがない
あなた何かしたんでしょう!?
自分のお金で修理して！
そんなあ
賃借人の過失を疑ってきました。
普通にフンばってただけです
貸主と賃借人どちらに修繕の義務があるかは、その破損部分が賃借人の普通の使用で自然に破損したか、それとも故意または過失で破損したかにより判断は異なってきます。
○×建設
賠償
もともとの建築に問題があるときは家主に修繕を請求、家主は建築会社に損害賠償請求することになります。
手抜き工事だ！
請求書
賃借人に破損の責任があるときは、賃借人自らが費用負担して修繕することになります。

賃貸建物の修繕・増改築などをめぐるトラブル／ケース 3

家屋の修繕を貸主がしてくれない

賃貸建物の修繕については貸主が修繕義務を負担するのが原則（民法606条1項）です。
このあいだの台風のあとから雨漏りなんです 大家さん直してください
ポタ
ポタ
ポタ
このくらいは賃借人の負担で直してもらわないと…
くそ～ 家賃はきちんと払ってるのに…
ポタ
ポタ
修繕義務を負う貸主が修繕をしないとき、賃借人は家賃の支払いを拒むことができます。
ただし、住むに差し支えない程度の雨漏りなどを理由に家賃の支払いを拒否することは、信義誠実の原則に照らして不当だとする判例もあります。
俺だって家賃支払い拒否なんてしたくない ちゃんと修繕してください
あなた契約書をよく読んで 特約があるでしょ
契約書
たしかに民法は家主に修繕の義務を負わせていますが、賃貸契約の特約で貸主はこの義務を免れることもできるのです。
え～～
こんな特約が…
契約書
特約に「修繕は賃借人の負担で」とあれば、賃借人自らが修繕義務を負いその費用を負担しなければなりません。
しかし、これは当事者間の特約で決められることですので
小さな修繕じゃないんだ! あなたの家でしょ!?
どちらか一方が、この場合賃借人が反対なら成立しないということになります。
また、いくら特約で「修繕は賃借人の負担」となっていても、事前に予想できないような天災による大破損の修繕まで賃借人の負担とするのは酷です。
特約をするときは、あらかじめ修繕の範囲を明確に定めておくべきでしょう。
契約書

賃借人が室内を勝手に改装した

山田さんに貸したこの家…風呂はないはずだぞ!?
いい湯だな～♡

勝手にこんな改装をして！
契約解除だ！出ていってくれ
きゃっ
賃借人が建物の改装や増改築をするときには、事前に貸主の承諾を得てから行なうのが原則です（86・87ページ参照）。また、賃借人には「建物保管義務」があります。しかし、だからと言って無断で改装したらただちに契約解除というわけではありません。

台所の横の物置を整理して床をコンクリートにして風呂桶を置いただけです
この程度なら契約違反にはならないでしょう。
社会通念上許されるべきものを改装などによって付け加えても契約違反にはなりません。具体的には軽微な改造で、原状回復が可能で、改造によって家屋の価値が上がるような改造である場合などです。

しかし貸主に無断で物置を壊し新しい湯殿を作ったとなると問題は別です。これにより互いの信頼関係が失われたような場合には契約解除できると考えられます。

うわぁ
ドドーン

いずれにしてもまずは貸主・賃借人でよく話合いそれでだめなら最終的には裁判所に判断してもらうことになります。
裁判所
□□□□□
□□□□□

なお、契約解除が認められた場合、貸主から賃借人へ原状回復のための損害賠償請求がなされることもあります。
損害賠償

賃貸建物の修繕・増改築などをめぐるトラブル／ケース 5

内装の変更で家賃値上げを請求された

借家住まいのAさんは畳敷きだった部屋をフローリングに改装しました。
わ〜い
あこがれだったの
きれいになりましたなあ
私は聞いてないけど
あっ大家さん
これはその…
賃借人が貸主に無断で内装を変更した場合、その内容、程度にもよりますが、貸主は契約を解除し、家屋の明渡し請求ができる場合があります（91ページ参照）。
立退けだなんて言いませんよ
そのかわり来月から家賃を値上げします
10000
壱万円
そんなあ
無断改装されて立退きが事実上無理なとき、貸主の側には家賃値上げという手段があります。
事前に貸主から承諾を得ていて、そのときに家賃値上げなどの約束がなければ値上げに応じる義務はありません。
承諾書
値上げの話なんかなかった
しかし、無断改装で立退きを請求されてもしかたのない立場にある賃借人の場合ある程度の値上げは応じるしかないでしょう。
値上げ
立退き
値上げを…
3万円値上げ
それはあんまり
家賃値上げの争いは、話合いがつかなければまず調停で（調停前置主義・67ページ参照）、最終的には訴訟で決着をつけるしかないでしょう（第5章参照）。

造作を勝手にしたら明渡しを請求された

大家さん この板塀を ブロックに したいの ですが…
いい ですよ
ということでブロック塀にしたところ…
なに勝手な ことしてる んです！
同意して くれたじゃ ないです かぁ!?
そういう大事な ことについては 「文書を作成する」 って契約書に 書いてあります
これは 義務違反 ですよ！ 立退いて ください
そんなぁ…
賃貸契約書には「文書による同意を要する」と書いてある場合があります。賃借人は口頭で同意を得たと主張し、貸主は契約書に「文書で」とあるのだから文書がなければ義務違反だと争うことになります。
しかし、このような貸主の同意を文書にしなければならないとする特約は、無効となるという判例があります。
口頭で 問題あり ません
わ〜い
法律では貸主の同意について方式を定めてないのに、そのようなことを当事者間で定めても意味はないのです。
造作買取請求
契約終了ですから このブロック塀 買取ってください
ところで、賃貸契約が終了した場合、貸主の同意によって賃借人の費用負担で行なわれた造作は、家主が買取るべきだという考え方があります。これを「造作買取請求権」（140ページ参照）といいます。
平成4年7月31日以前の建物の賃貸契約については、どんな特約があっても貸主は造作を時価で買取らなければなりませんでした。しかし、新・借地借家法が施行された平成4年8月1日以降の契約では、特約さえしておけば家主は造作買取りをしなくてよいことになりました。
平成4年8月1日 以降の契約
特約
造作は 買取りません

7.貸主や借主が替わった場合の問題点

相続などで家主・借家人の交替があっても賃貸契約には何ら影響ありません。
しかし、売却や譲渡、転貸などによる交替の場合は少し複雑です
基本は下記の通りですが
詳しくは具体例をあげて96～101ページで解説します

貸主の交替で賃借人の権利はどうなるか

どんな事情で家主が交替しても賃借人は借地借家法により保護され前の貸主のときと同様新しい貸主に対して引続き賃借権（借家権）を持ちます。

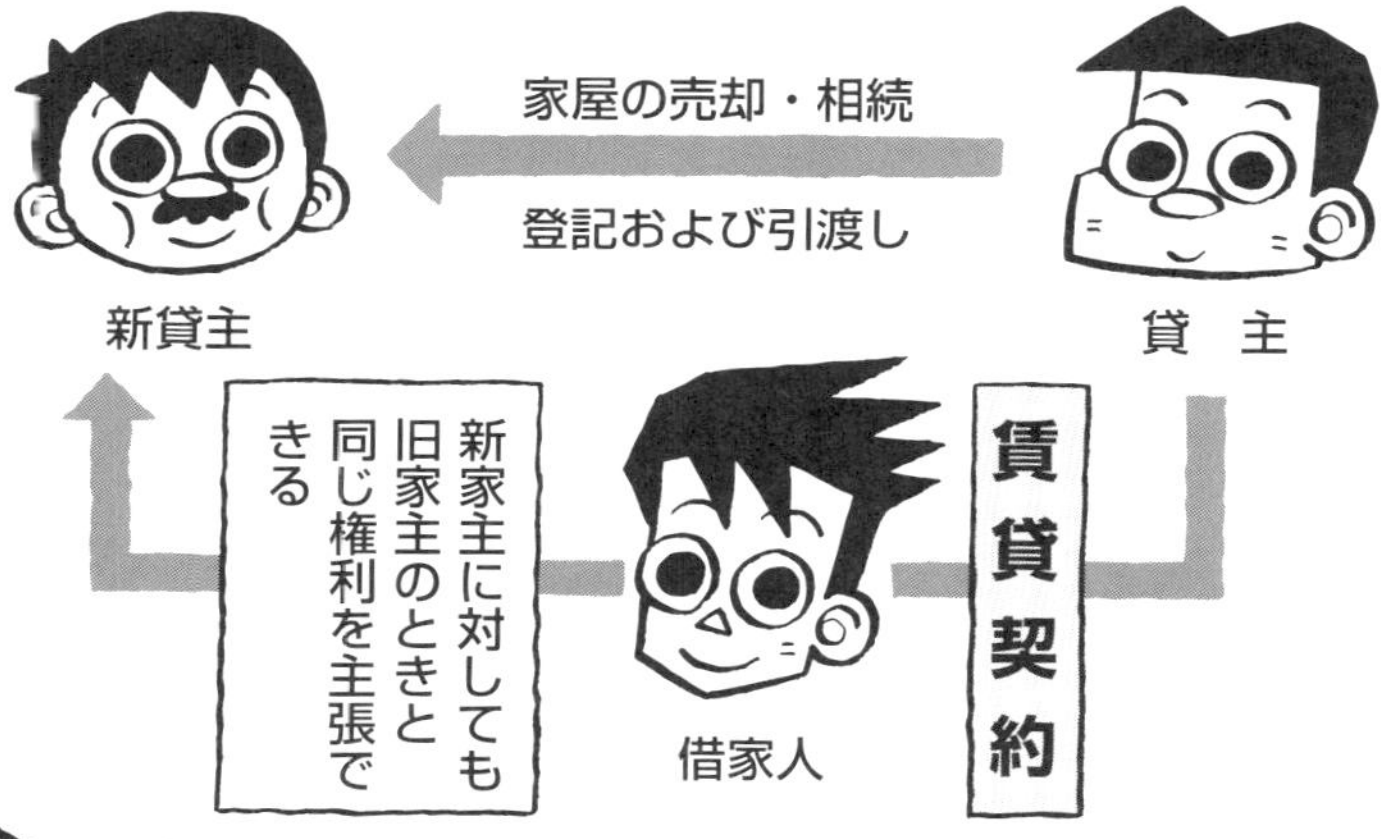

家屋の売却・相続
登記および引渡し
新貸主
貸 主
賃貸契約
新家主に対しても旧家主のときと同じ権利を主張できる
借家人

賃借人が建物の賃借権（借家権）を譲渡するとどうなるか

賃借人は家主の承諾がなければ賃借権を譲渡することはできません。承諾なしに賃借権を譲渡すると、貸主は契約解除することができます。

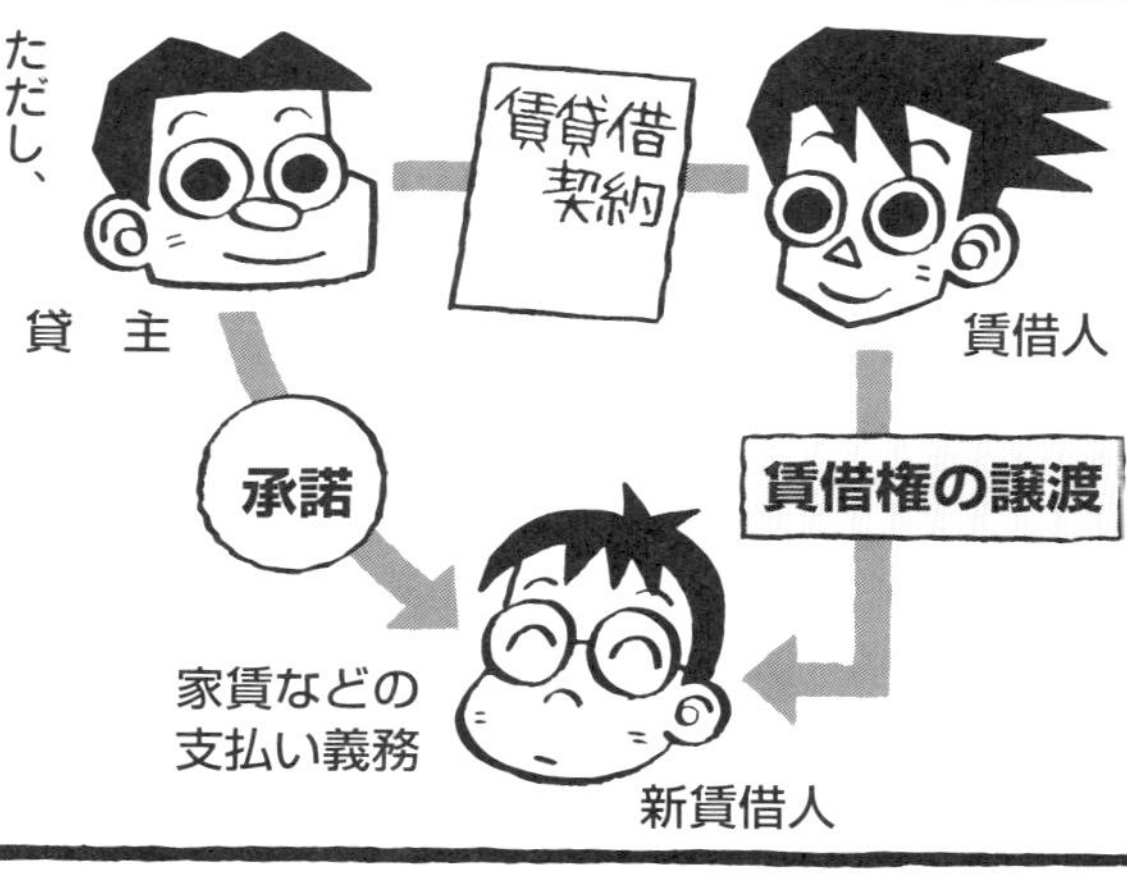

賃貸借契約
貸 主
賃借人
承諾
賃借権の譲渡
家賃などの支払い義務
新賃借人

ただし、賃借権の譲渡を前もって認め、そのために賃借人が権利金を払ういわゆる「譲渡権利付き借家権」のとき、貸主の承諾は不要です。

賃借人が建物を転貸（又貸し）したとき

◆貸主の承諾と転借人の権利

貸主の承諾を得て借家の転貸を受けた人「転借人」は、借地借家法28・34条により保護を受けます。

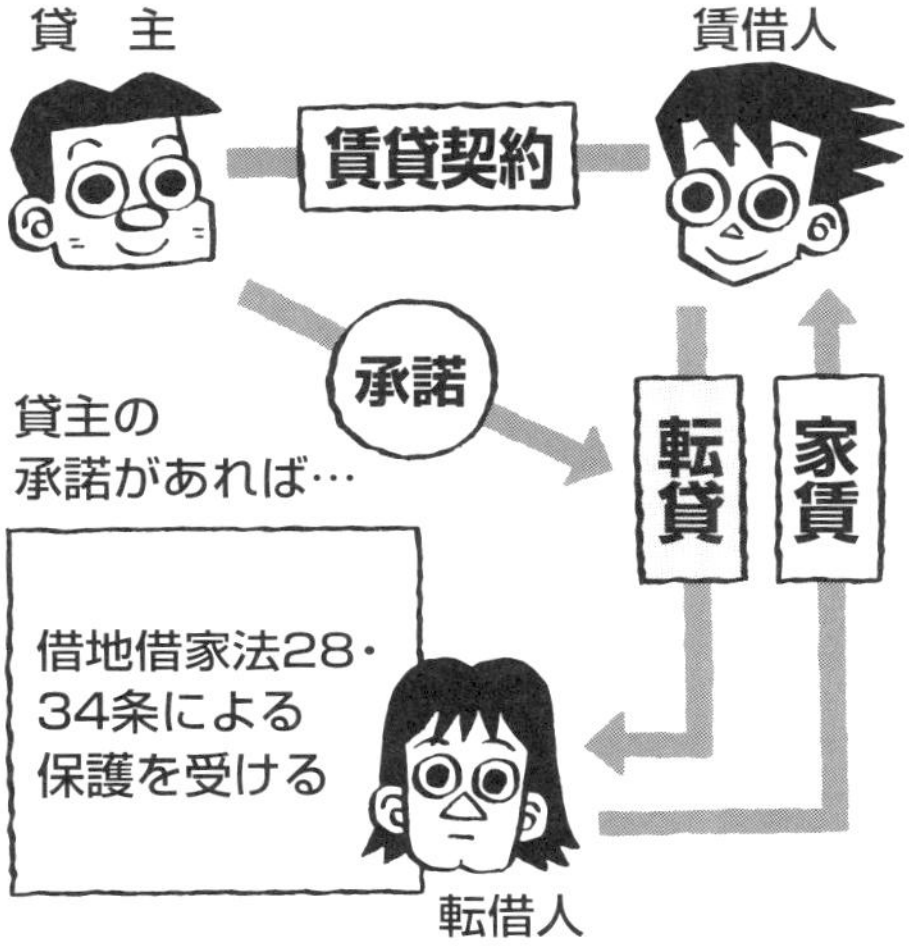

貸主の承諾がない転借は、契約違反であり、転借人は借地借家法28・34条による保護を受けられません。

この場合、貸主と元の賃借人との間の契約が解除などにより終了すれば、転借人は立退くことになります。

◆建物の賃貸借契約の終了と転借人

貸主の承諾を得た転貸であっても、貸主と元の賃借人との間の賃貸借契約が終了すれば、賃借人と転借人との間の転貸借関係も終了することになります。

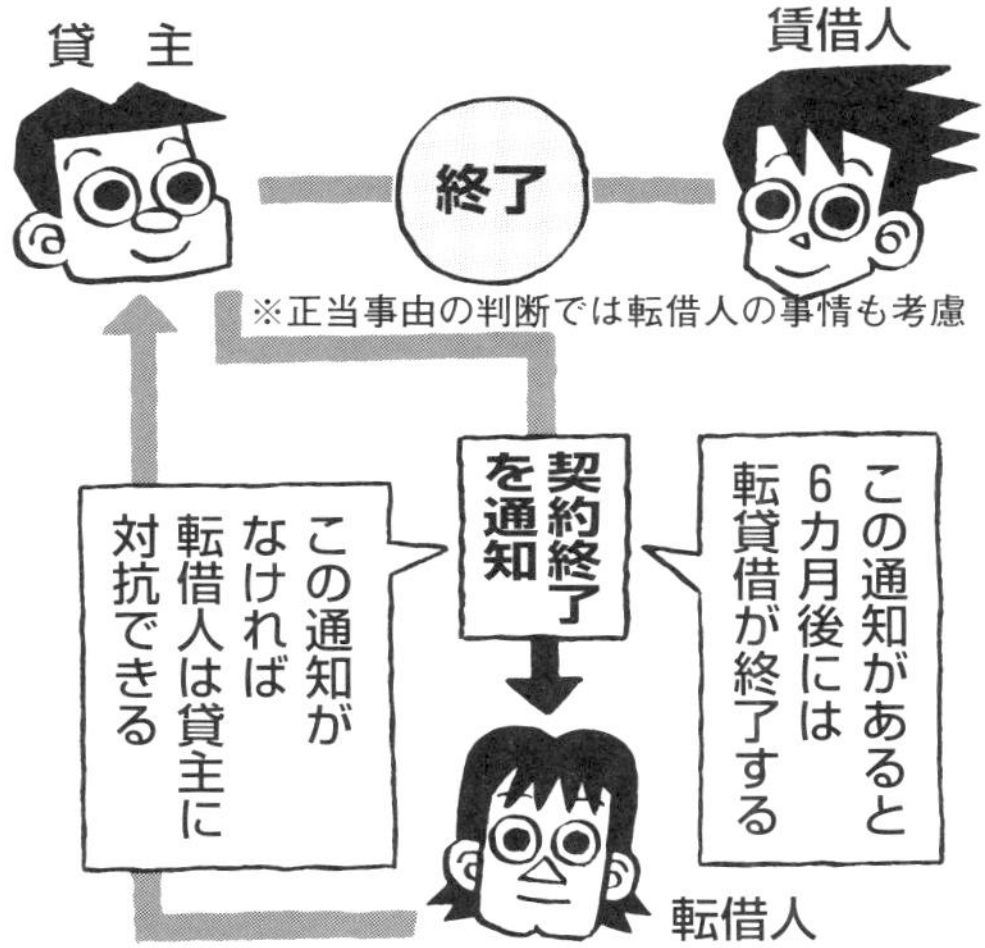

ただし、貸主から転借人への「通知」後6カ月が経過しなければ終了しないことになっています。転借人もある程度は保護（借地借家法34条）されるのです。

Q 夫の死亡で妻の賃借権の相続は

居住用の賃貸建物の契約人が死亡した場合、正式の夫婦や親子であれば、当然にその賃借権を引継ぎます。

では、内縁関係であった場合はどうかといえば、この場合も、その借主と事実上の夫婦または親子として暮らしていた同居人がいれば、その同居人は借主の地位を引き継ぐことになります（借地借家法36条）。

ただし、死亡した夫に相続人がいた場合が問題です。この場合、形式的には相続人が賃借権を引き継ぐことになりますが、賃借権という居住権に関しては、同居していた人の権利は相続人より強く保護されなければならず、したがって、相続人が相続しなければならない特別な理由がないかぎり、賃借権は内縁の妻が相続することになると思われます。

貸主や賃借人の交替をめぐるトラブル／ケース 1

アパートが売られ新貸主が値上げしてきた

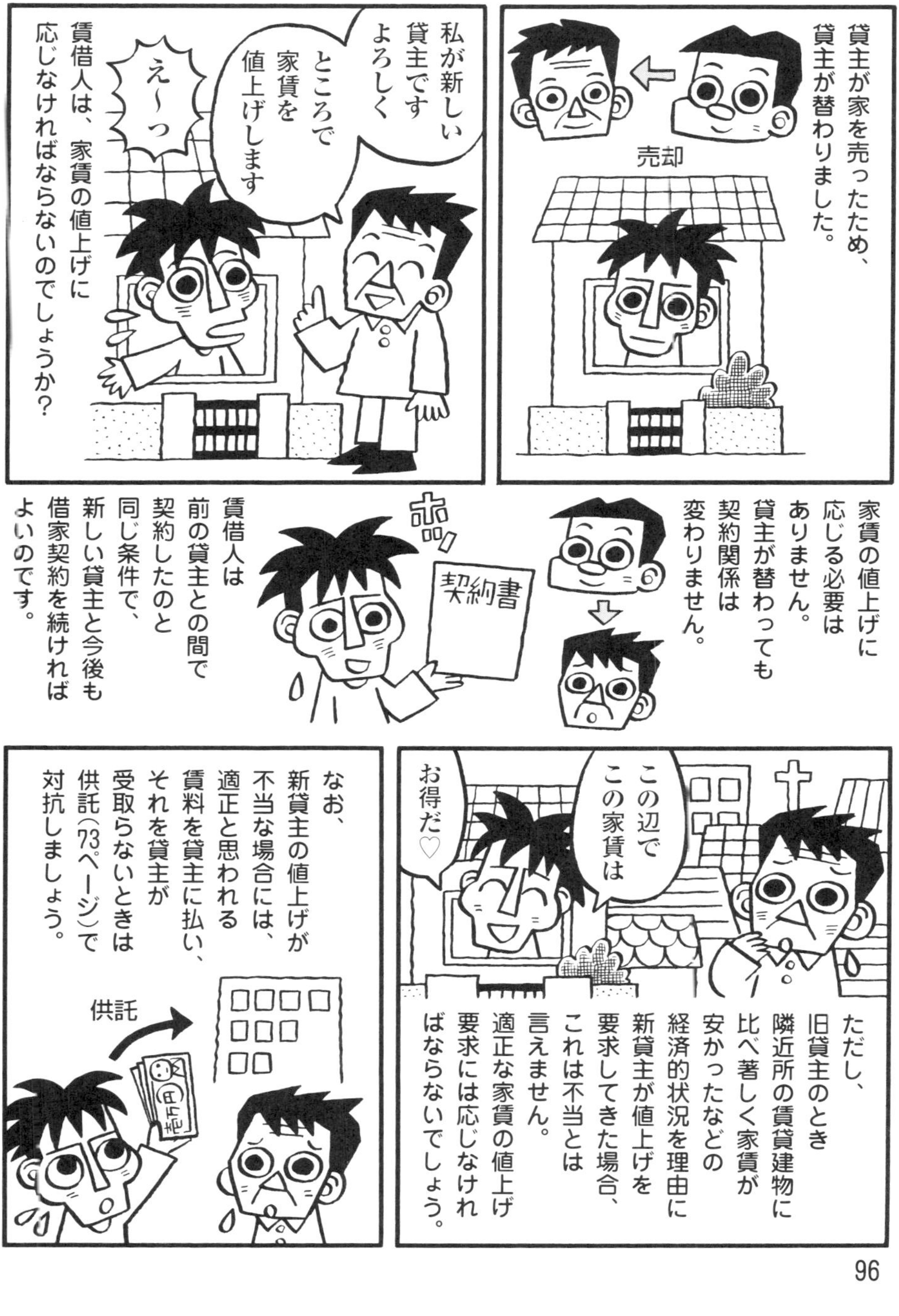
貸主が家を売ったため、貸主が替わりました。
売却
私が新しい貸主ですよろしく
ところで家賃を値上げします
え〜っ
賃借人は、家賃の値上げに応じなければならないのでしょうか?
家賃の値上げに応じる必要はありません。貸主が替わっても契約関係は変わりません。
ホッ
契約書
賃借人は前の貸主との間で契約したのと同じ条件で、新しい貸主と今後も借家契約を続ければよいのです。
この辺でこの家賃は
お得だ♡
ただし、旧貸主のとき隣近所の賃貸建物に比べ著しく家賃が安かったなどの経済的状況を理由に新貸主が値上げを要求してきた場合、これは不当とは言えません。適正な家賃の値上げ要求には応じなければならないでしょう。
なお、新貸主の値上げが不当な場合には、適正と思われる賃料を貸主に払い、それを貸主が受取らないときは供託(73ページ)で対抗しましょう。
供託
壱万円

貸主や賃借人の交替をめぐるトラブル／ケース 2

賃借人の死亡で同居人はどうなるか

え〜ん
奥さん このたびは…
あっ 大家さん
主人が死んだら私たちは立退かなくてはならないのでしょうか？
いえ 家賃さえ払っていただければこれまでどおりよろしく
賃借人が死亡しても賃借権は相続財産の一部として、相続人に承継されます（民法896条）。相続人が継承する場合、あらためて貸主と賃貸契約をする必要はなく、契約条件もそのままとなります。家賃も従前どおりの額でよいのです。
よかった
もしも貸主が特別な条件を提示してきて家賃を受取らないなどというときには供託（73ページ参照）で対抗すればよいのです。
ところで、賃貸建物でいっしょに暮らしていた人が、賃借人の相続人でなかった場合はどうなるのでしょうか？
遺されたのが相続人ではない内縁の妻（または事実上の養子）であった場合は、左記の条件付きではありますがその家の賃借権を承継できることになっています（借地借家法36条1項による）。
内縁の妻（または事実上の養子）
① 死亡した賃借人に他に相続人がなく
② 生前の賃借人と事実上の夫婦（または養子）の関係にあり
③ その賃貸建物で、同居していた者
これからもよろしくお願いします
こちらこそ
右の条件の内縁の妻（または事実上の養子）は、賃借権を承継し、引続きその家屋に居住できるだけでなく、自ら賃借権者として自分の名前で家賃を払うことができます。

賃借権の無断譲渡を家主が黙認していると

この家借りてるんだけど
もうすぐ引っ越すからさ
住んだらどうだい?
一般に賃借人は家主の承諾がなければ賃借権を譲渡したり建物を転貸することはできません（民法612条）。
借家人が家主の承諾なしに借家権の譲渡や転貸をして第三者に建物の使用収益をさせたら、家主はただちに契約を解除することができます（101ページ参照）。
承諾してないぞ
家主
契約違反だ!!
契約解除
明渡し請求
無断譲渡のトラブルで多いのが次のようなケースです。
無断譲渡をした賃借人が、その後家主の承諾を得ようと通知したところ…
承諾してください
通知
……
家主からは何の返事もありません。
返事がないのは「承諾した」という黙示の承諾であろうと安心していると
よかったね
ある日、突然家主から
無断譲渡だ契約解除で立退き!
そんな今頃になって…
黙示の承諾があったかどうかで争うことになりますが
承諾してない!
黙示の承諾だ!
どちらの言い分が認められるかはケースによります。
ひとつ言えるのは承諾する気がないなら
貸主はすみやかに無断譲渡を理由に契約解除をし、明渡し請求をするべきだったということです

親類の子を同居させたら転貸になるか

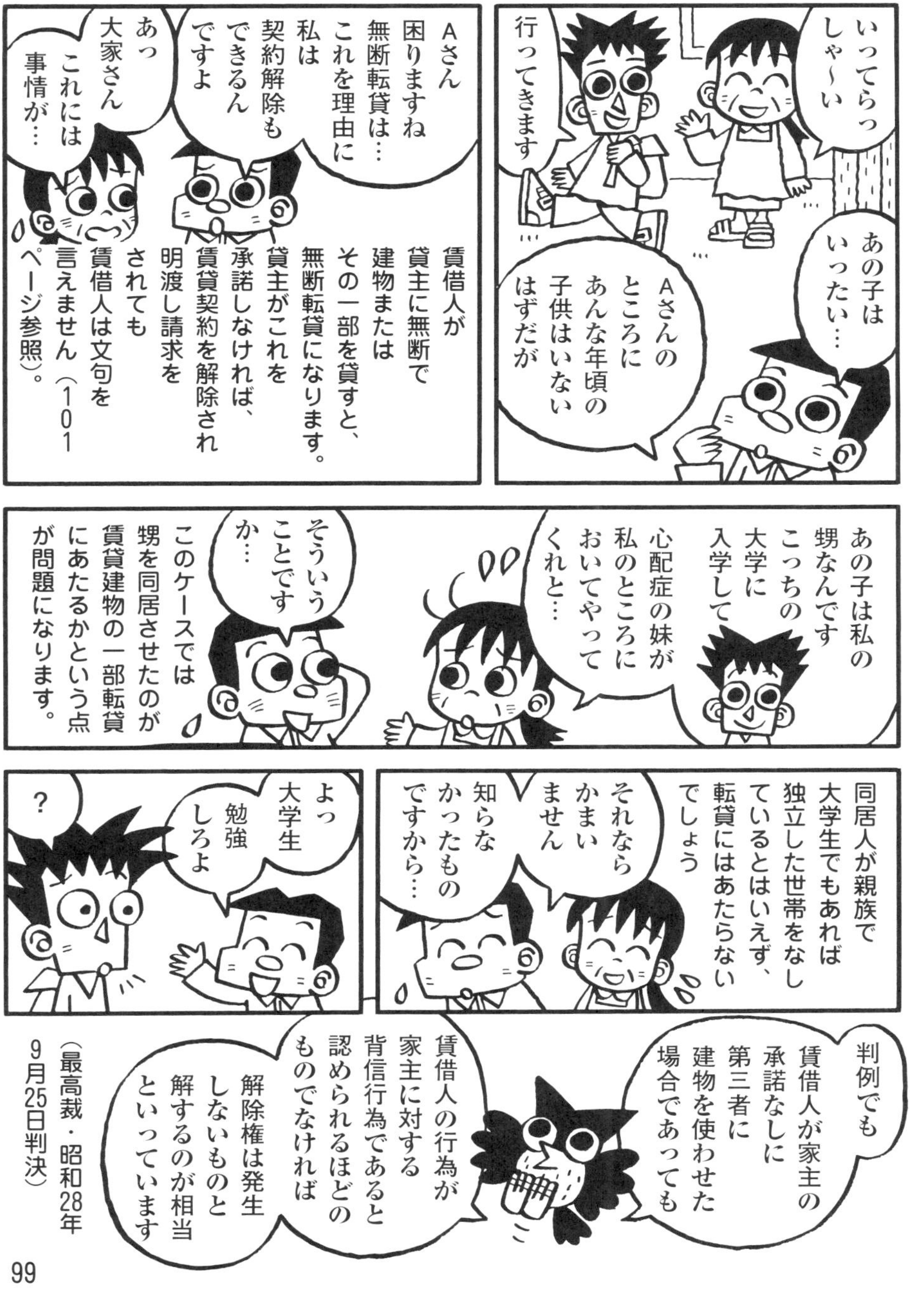
いってらっしゃ〜い
行ってきます
あの子はいったい…
Aさんのところにあんな年頃の子供はいないはずだが
Aさん困りますね無断転貸は…これを理由に私は契約解除もできるんですよ
あっ大家さんこれには事情が…
賃借人が貸主に無断で建物またはその一部を貸すと、無断転貸になります。貸主がこれを承諾しなければ、賃貸契約を解除され明渡し請求をされても賃借人は文句を言えません（101ページ参照）。
あの子は私の甥なんですこっちの大学に入学して心配症の妹が私のところにおいてやってくれと…
そういうことですか…
このケースでは甥を同居させたのが賃貸建物の一部転貸にあたるかという点が問題になります。
同居人が親族で大学生でもあれば独立した世帯をなしているとはいえず、転貸にはあたらないでしょう
それならかまいません
知らなかったものですから…
よっ大学生勉強しろよ
？
判例でも賃借人が家主の承諾なしに第三者に建物を使わせた場合であっても
賃借人の行為が家主に対する背信行為であると認められるほどのものでなければ解除権は発生しないものと解するのが相当といっています

（最高裁・昭和28年9月25日判決）

過去の無断転貸で契約解除を要求された

2カ月かけて海外旅行だ！
ガイド
2カ月も家を留守にするの心配だわ
そうだ、Bの奴家を改築中でアパートを探してたっけ…
あいつに貸して留守番してもらおう
よろしく～
ゴーッ
俺も助かるよ
というわけで賃借人・Aさんは留守中の家を友人一家に貸すことになりました。
2カ月後には旅行から帰り、友人一家は越してまた元の暮らしに戻ったのですが
やっぱり家が一番
Aさん無断で家を人に貸しましたね！
あっ
大家さん…
無断転貸したんだから契約は解除
この家は明渡してもらいます!!
そんな…今はもう貸してないのに
解除
賃借人が貸主に承諾を得ずに第三者に建物を貸した場合、貸主には契約を解除し明渡し請求をする権利があります（次ページ参照）。一度発生した契約解除権は消滅しないと考えられています。
しかし転貸をした事情や期間が短かった場合を考慮して貸主に特別な不利益をかけなかったときは、契約を解除するほどの信義違反とは認められないと解する意見もあります。
このケースの場合は賃借人は2カ月後に戻っていることから契約解除はできないと考えてよいでしょう。

◆明渡し通知書（転借人に対し）

明渡し通知書

令和□年□月□日

住所
転借人　乙川次郎殿

住所
賃貸人　甲山太郎㊞

私は何某に対して、令和□年□月□、都道府県市区町村番地所在、木造瓦葺２階建居宅１棟、床面積□平方米、２階□平方米を賃貸したところ、何某は令和□年□月□貴方に対し右家屋の内□平方米を転貸して、貴方は令和□年□月□以来居住して使用しています。この転貸は、私の承諾なくしてなされたものでありますから、貴方は上記家屋に居住する何等の権限もありません。よって本書到達後10日間以内に、居住部分から立ち退いて明け渡してください。上記通告致します。

◆建物賃貸借契約解除通知書

建物賃貸借契約解除通知書

令和□年□月□日

住所
賃借人　乙川次郎殿

住所
賃貸人　甲山太郎㊞

私くし所有の都道府県市区町村番地所在□造□葺□階建□平方米を平成□年□月□日よりあなたに対して期間を定めないで賃料１か月金□円として賃貸してきましたが、この度貴方は私くしに無断で前記建物を丙野三郎氏に転貸しましたから、本状到達の日を以て、前記契約を解除します。

●賃借人が無断転貸や無断譲渡をしたら

賃借人が借家を転貸（又貸し）したり、賃借権を譲渡したりするには、あらかじめ貸主の承諾を得る必要があります。無断で転貸や譲渡をした場合、貸主は賃貸契約を解除することができます（民法612条2項）。

賃貸建物の無断転貸の場合なら、貸主は賃借人に対し書面で契約の解除と明渡しを請求すると同時に、明渡し通知書を転借人に対しても出し明渡しを請求します。いずれの通知書も、配達証明付の内容証明で出します。

※建物賃貸借契約書に賃借人が自由に転貸・譲渡できる旨の特約があれば、貸主の承諾は不要で、契約解除されることもありません。

8.賃貸契約期間中の明渡し請求

賃貸契約期間中

賃貸契約期間中の明渡し請求は少なく多くは契約期間の満了（更新拒絶）によってなされています。

賃貸契約期間中だけど明渡してもらいたい

賃貸契約期間の満了前でも貸主の側から明渡し請求（契約終了）できるのは次のようなときです。

1 契約違反の場合の契約解除による明渡し

契約違反
契約解除

賃借人の側に家賃滞納、無断増改築、無断転貸・譲渡などの契約違反があったとき、貸主には契約を解除し明渡し請求する権利があります。

2 話合いによる合意

貸主・賃借人の話合いによる合意が成立すれば、期間満了前でも明渡してもらうことができます。ただし、転借人がいると問題になることもあります。

合意
明渡して
はい

3 建物の朽廃・滅失

火事などで建物の全部が消失した場合には、目的物の消失により賃借権も消滅し賃貸契約は終了します。また、建物が朽廃していて家屋としての効力を失ったときも同様です。

火事などで滅失

賃貸契約終了

※火災で建物の全部が消失してしまったのではなく一部が残り修理すれば居住できるという場合には、賃借権は消滅せず、家主には修理義務があります。

期間の定めなし

なお、期間の定めのない賃貸契約を結んでいる場合には、明渡しを要求する「正当事由」（128ページ）があれば解約を通知して6カ月が経過すると賃貸関係は終了します（左ページ参照）。

104〜107ページトラブルの具体例もご覧ください。

◆借家契約解約通知書

借家契約解約通告書

令和□年□月□日

□□県□□市□□町□□□番地

賃借人　甲　野　太　郎　殿

□□県□□市□□町□□□番地

賃貸人　　乙　川　次　郎　㊞

私くしは貴方に対して令和□年□□月□□、□□県□□市□□町□□□番地所在木造瓦葺２階建居宅１棟、建坪□□平方米、２階□□平方米を賃貸しましたが、□□の事由が生じましたので、本契約を解約します。よって、本通告到達の翌日から６か月経過しましたら、上記家屋を明け渡してください。

●期間の定めのない建物賃貸借契約の解約通知

建物賃貸借契約で期間を定めなかった場合、および１年以内の賃貸借契約を結んだため「期間の定めのない契約」とみなされる（借地借家法29条）場合があります。

貸主の側に、解約・明渡し請求する「正当事由」（18ページ）があれば、借家人に解約の通知をします。ただし、正当事由さえあれば、すぐに解約・明渡し請求ができるわけではありません（借地借家法30条）。解約の通知をしてから、賃借人が異議を申し立てることなく６カ月が経過してはじめて、契約は終了、建物を明渡してもらえることになります。

賃借人が異議申立てをしてきた場合には、調停・訴訟で正当事由の是非について、裁判所に判断してもらうことになります。

なお、解約通知後６カ月の期間、貸主は賃借人から家賃を受け取っても差し支えありません。しかし、６カ月経過しても建物を明渡さない賃借人から、経過後の家賃を受け取ってはなりません。それを受け取ると、借地借家法26条２項によって、建物賃貸借契約が続いているものとみなされるおそれがあるからです。６カ月を過ぎて立ち退いたときに、６カ月を超えた家賃相当の額を、損害金として受け取ればよいのです。

賃貸期間中の明渡しと立退料は

あの家を取壊してその土地にマンションを建設すれば今よりずっと効率よく安定した収入が得られますよ
う〜ん しかし あそこは…
あの家はAさんに貸してるし契約が満了するのはまだまだ先だし…
貸主側に正当事由（118ページ参照）がなければ、賃借人に建物を明渡してもらうことはできません。
しかし正当事由がなくても賃借人が合意して明渡してくれればよいのです。
マンションを建てたいので明渡していただけますか？
そんなこと急に言われても
私だって困ります
事情を話して賃借人と交渉するしかありません。
わかりました
このような場合貸主が賃借人に立退料を提供して明渡してもらうのが一般的です。代わりの賃貸住宅を斡旋するとか新ビルに優先的に入居してもらうとか立退料以外の条件も提示すると、話合いがスムースに進みます。
話合いですので立退料の額はケースによってまちまちです。場合によっては借家権価格を越えることもあります。

賃貸期間中の明渡しをめぐるトラブル／ケース 2

契約解除だと造作買取請求権はないのか

家賃滞納…これ以上は待てません立退いてください
わかりましたでも造作は買取ってね…
賃借人の契約違反が原因で契約解除され明渡し請求をされた場合、賃借人は貸主に対して造作買取請求ができるのでしょうか?
造作とは賃借人が建物に付加した物件で建物の客観的価値を増加させている物です。建物の明渡しの際、賃借人には造作買取請求をする権利が認められています（借家借家法33条）。
システムキッチンに
しました!
たしかにキッチンは私が承諾してあなたが自分の費用で造りました
造作買取請求ができるのは貸主の承諾を得て造られたものに限ります。
でも、あなたは契約違反で契約を解除されるんです!
造作買取りだなんてとんでもない!
トホホ
賃借人の契約違反が理由で契約解除された場合、賃借人は造作買取の請求をできません。
ただし多くの学説はこれに反対しています
なお、旧法では造作買取請求による買取りは貸主の義務でしたが借地借家法は特約によって貸主がこれを買取らなくてもよいようになりました。
造作しても買取りません
特約
はい
※造作買取請求 ⬇ 140ページ参照

破産すると賃借人は立ち退かなければならないか

賃借人
Aさんは
事業に失敗。
多額の
負債をかかえ
ついには
裁判所から
破産者と
されるに
至りました。
破産

Aさん
破産した
らしいから
家を
明渡して
もらおう
あっ
大家さん
かつて民法は
「賃借人が破産の
決定を受けた場合
には、貸主は賃貸
契約の解約を申し
入れることができ
る」と
定めていましたが
この規定は、現在、
廃止されました。

破産は
しましたけど
借金はゼロに
なったし
こんな私を
使ってやろう
という会社も
あるんです
頑張り
ますので
今後とも
よろしく
お願いします

大丈夫
みたい…

破産しても
これからの家賃を
しっかり払っていける
のであれば
賃貸契約を
解約されることはないと
いうことです。

★貸主の借金をめぐる問題

上記例は賃借人の破産ですが、賃貸人（貸主）の借金で、賃借人に影響が出る場合があります。

①賃借人の家屋の差押え　貸主が借金をして支払えなくなった場合に、賃貸建物およびその土地が差押えられることがあります。この場合は、賃借人は、そのまま住みつづけることができます。

②抵当権の設定　賃貸建物およびその土地に抵当権が設定されることがあります。抵当権が設定されると、契約どおりに返済がなされない場合には、抵当権の実行がなされます。この抵当権の実行には、①不動産の競売（第三者に売却され家主は代わるが、借家人の権利に影響はない）、あるいは②担保不動産収益執行（家賃債権が執行され、家賃の支払先が代わる）があります。

なお、抵当権設定後に建物を借りた賃借人は、競売により競落した所有者から明渡しの請求があると、明渡しを拒否することはできません（6カ月間の明渡し猶予期間あり）。

賃貸期間中の明渡しをめぐるトラブル／ケース 4

地上げで立退きを迫られているが

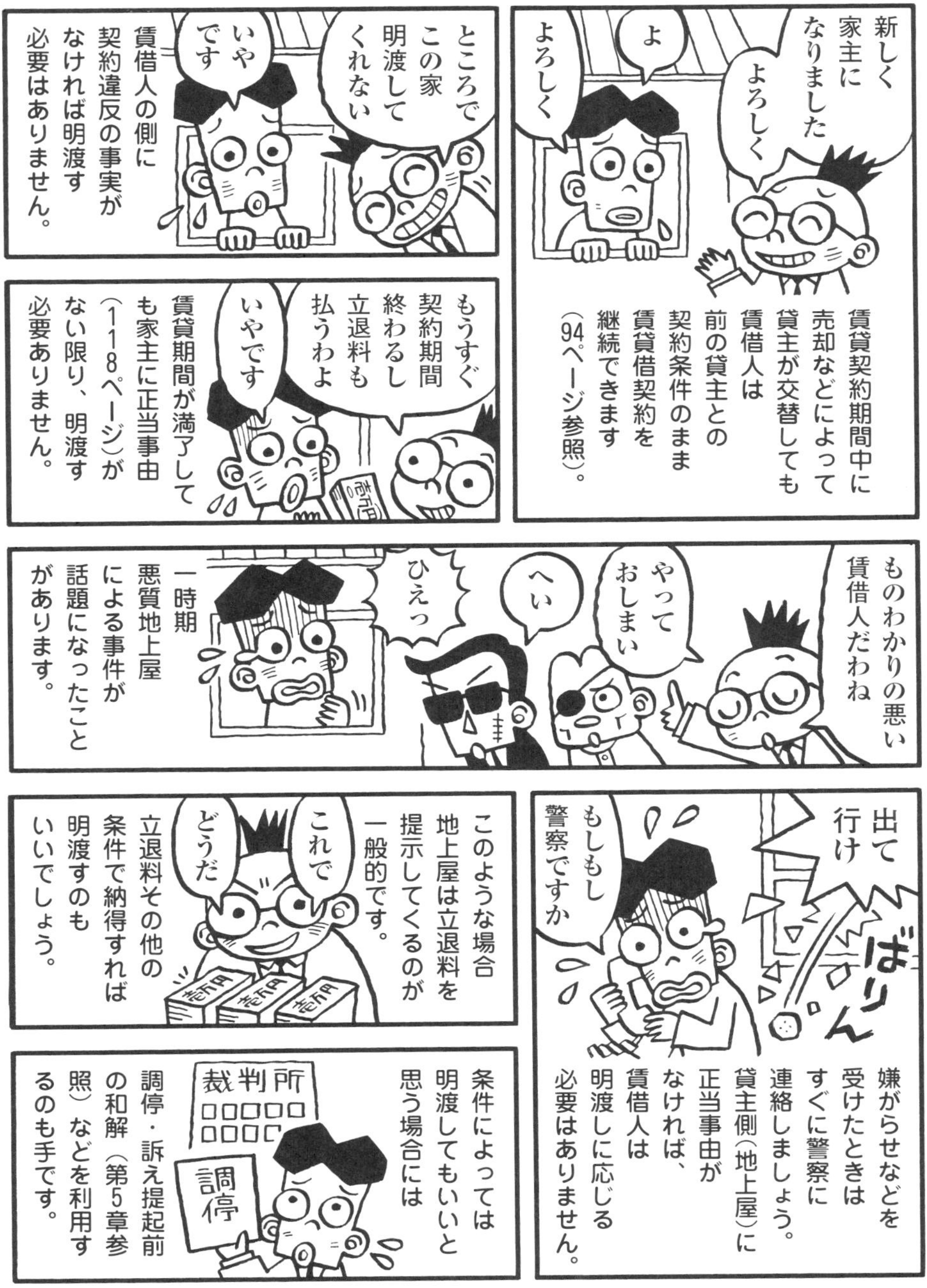
新しく家主になりました
よろしく
よ
よろしく
賃貸契約期間中に売却などによって貸主が交替しても賃借人は前の貸主との契約条件のまま賃貸借契約を継続できます（94ページ参照）。
ところでこの家明渡してくれない
いやです
賃借人の側に契約違反の事実がなければ明渡す必要はありません。
もうすぐ契約期間終わるし立退料も払うわよ
いやです
賃貸期間が満了しても家主に正当事由（118ページ）がない限り、明渡す必要ありません。
ものわかりの悪い賃借人だわね
やっておしまい
へい
ひえっ
一時期悪質地上屋による事件が話題になったことがあります。
出て行け
ばりん
もしもし警察ですか
嫌がらせなどを受けたときはすぐに警察に連絡しましょう。貸主側（地上屋）に正当事由がなければ、賃借人は明渡しに応じる必要はありません。
このような場合地上屋は立退料を提示してくるのが一般的です。
これで
どうだ
壱万円
立退料その他の条件で納得すれば明渡すのもいいでしょう。
条件によっては明渡してもいいと思う場合には
裁判所
調停
調停・訴え提起前の和解（第5章参照）などを利用するのも手です。

★畳の張り替え費用などは敷金から差引けるのか

●敷金の意味

賃貸契約では、必ずといってよいほど敷金の授受が行なわれています。この敷金というのは、賃借人の支払う賃料その他、建物の賃貸借契約から生じる賃借人の債務を担保するため、賃借人から貸主に差し入れられる金銭のことです。

これは、賃借人の貸主に対する債務を担保するためのものですから、賃借人に債務不履行がなく、貸主に損害がない場合、賃貸契約が終了した時点で、その全額を賃借人に返還すべき性質のものです。

一方、賃借人が家賃を滞納したり、賃貸建物を乱暴な使い方により破損したような場合には、貸主は敷金から滞納家賃、賃貸建物の破損による損害額を差し引くことができます。

●賃借人の不始末なら差し引ける

賃借人が賃貸契約中に、煙草の火の不始末などで畳をこがした場合、その張り替え費用は、賃借人が負担するのが当然です。

したがって、賃貸契約終了後に賃貸人が畳をこがして出て行った場合には、家主は、敷金から畳の張り替え費用を差し引くことができると考えられます。

賃貸契約期間中に、賃借人の不始末でこがした畳を貸主の負担で張り替えたのであれば、賃貸契約の終了を待たずにその費用を敷金から差し引くことができます。そして、契約によって定められた敷金に不足が生じるわけですから、不足分を賃借人に請求することになります。

なお、これは、あくまでも賃借人の不始末によって畳をこがしてしまった場合です。通常に使用していて当然に生ずるであろう畳の消耗の場合、契約終了後、敷金からその張り替え費用は差し引けないとされています。

●賃借人は敷金充当を請求できない

逆に、賃借人は、敷金を差し入れているからといって、これをもって「畳の張り替え費用をまかなえ」との要求はできません。

なぜなら、先に述べたように敷金は、賃貸契約から生ずる賃借人の債務の支払いを担保するためのものですから、これを認めると、徐々に敷金が少なくなり、敷金としての効用がなくなるからです。

敷金は通常、家賃の1カ月ないし2カ月分を徴収している場合が多いようですが、賃借人の側から「家賃の滞納を敷金でまかなえ」との要求はできません。これを認めると、賃借人は常に敷金をゼロにしておくことができてしまうからです。

貸主は、多額の敷金を預かっていても、家賃は家賃として請求し、これを支払わない賃借人に対しては、債務不履行を理由に契約を解除することができます。

第3章・賃貸借契約の更新と更新拒絶

1.賃貸期間の満了で何が問題になるか

賃貸借契約には期間の定めがあるのが普通です。約定期間がたつとその期間は満了します。
もうすぐ満了だ
しかし、期間満了で契約は必ずしも終了するわけではありません。
※定期建物賃貸借契約のときは必ず終了⇩144ページ

多くの場合、その後もさらに賃貸契約を続けるのが普通です。
これからもよろしく
こちらこそ
これを賃貸借契約の更新といいます（更新については112ページ参照）。

賃貸期間が満了し、契約を更新するとき、問題が生じることがありますので注意しましょう。契約を終了するときの問題については第4章で解説します。

❶ 賃貸期間がいつまでかが問題になる場合

賃貸期間は、必ず定めなければならないものではありませんが、一時使用（25ページ参照）の場合を除き、1年以上の期間を定めれば、それが借家期間となります。また、1年未満は、契約期間の定めがなかったものとみなされます。

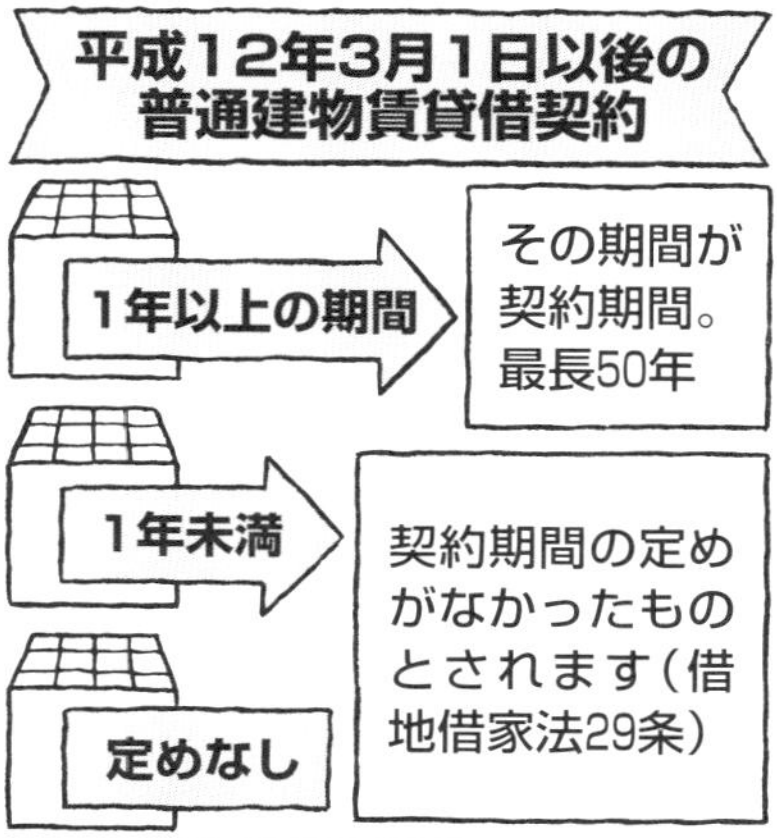

平成12年3月1日以後の普通建物賃貸借契約
1年以上の期間
その期間が契約期間。最長50年
1年未満
契約期間の定めがなかったものとされます（借地借家法29条）
定めなし

定期建物賃貸借契約（11・44ページ）の場合は、期間1年未満の契約もできます。

なお、建物の賃貸借契約期間の上限については制限はありません。

更新の存続期間ですが、法定更新（113ページ）の場合、借地借家法26条1項により、前の契約と同じ条件でさらに契約をしたものとみなされます。その場合、期間の定めのない契約になります。期間満了後に賃借人が使用を継続し、賃貸人が遅滞なく異議を述べなかった場合も同様です。

2 更新拒絶で争いとなる場合

更新はしません
正当事由
そんなの正当事由じゃない！

契約期間満了時、貸主側に正当事由（第4章参照）があれば、更新を拒絶することができます。このとき何が正当事由になるかで争いになることが多いのです。

3 更新料が問題になる場合

賃借人に更新料を支払う義務はありません。しかし、契約で定まっている場合には、支払い義務があります。更新料は通常、新家賃の1～2カ月分が多いようです。

更新料払ってね
払わなきゃいけないの？

4 更新時に家賃値上げを要求された場合

家賃値上げです
いやなら出て行ってくれてもいいんだよ
不当な値上げだ！

家賃値上げの時期に、とくに定められたものはありません。しかし、多くの場合家賃の値上げは更新のときに行なわれることが多いようです。適正な値上げならともかく、明渡しが不可能なので大幅値上げで追い出し策をとるような行為は不当値上げとなる場合もあります。

期間満了時の更新料、家賃値上げについては114～117ページで詳しく説明します。

Q 更新時における契約の形態は

更新時において、賃貸人、賃借人の対応には、以下のものがあります。

①合意更新――賃貸借契約の更新に双方が合意。

②法定更新――賃貸人から更新の拒絶がない場合。つまり、賃借人が賃貸人から立ち退いてくれと言われなければ契約更新。

③賃貸人からの正当事由のある更新拒絶――賃貸借契約は終了。

③賃貸人からの正当事由のない更新拒絶――契約は継続。

④契約の終了――賃借人に更新の意思がない場合。

※定期賃借権の場合は、契約期間の満了により、契約は終了。ただし、再契約は自由です。

なお、期間の定めのない契約では、賃貸人が解約の申し入れをし、争いにならなければ6カ月経過で契約は終了します。

2.賃貸借契約を更新する場合の問題点

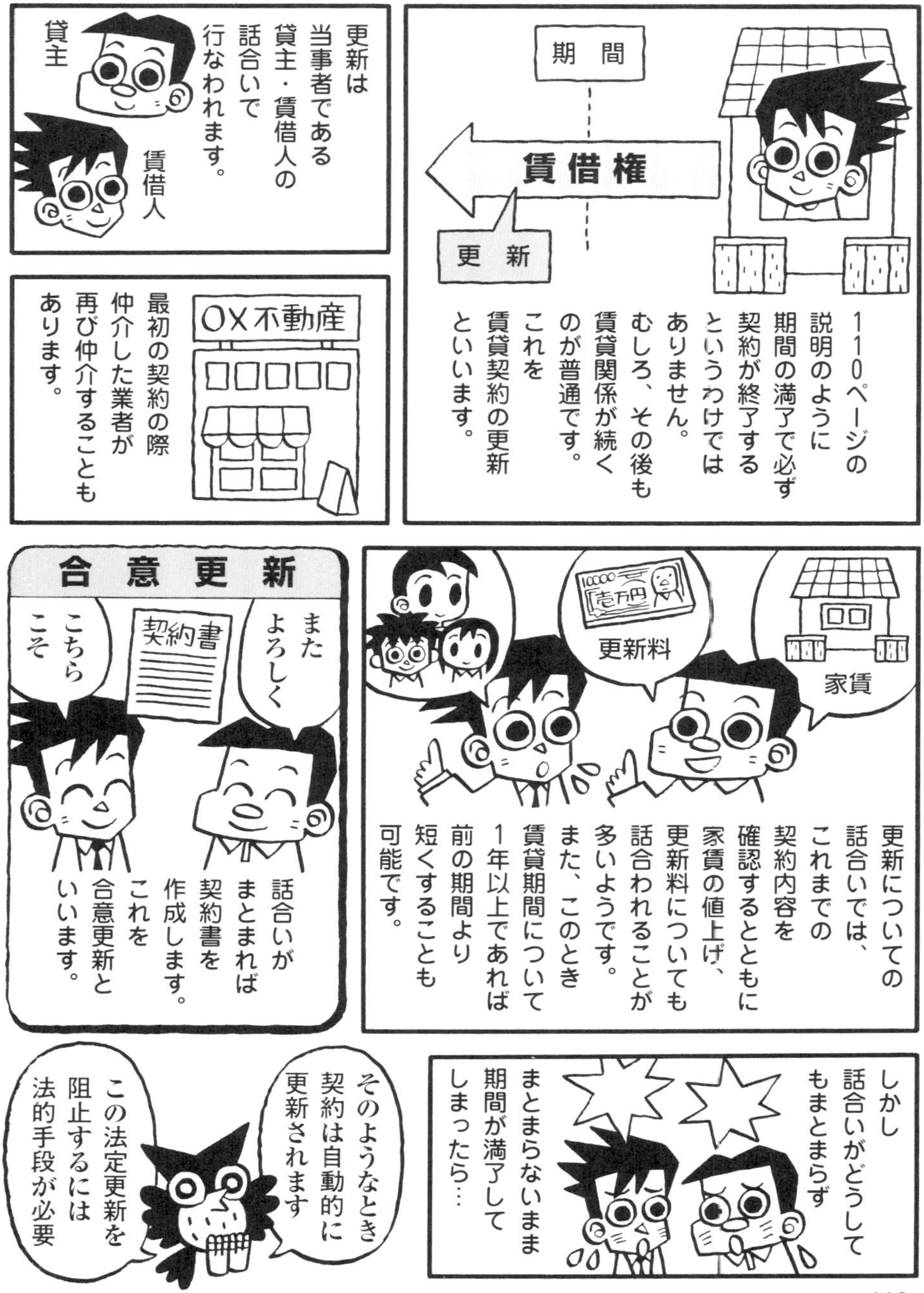
期間
賃借権
更新
110ページの説明のように期間の満了で必ず契約が終了するというわけではありません。むしろ、その後も賃貸関係が続くのが普通です。これを賃貸契約の更新といいます。
更新は当事者である貸主・賃借人の話合いで行なわれます。
貸主
賃借人
○×不動産
最初の契約の際仲介した業者が再び仲介することもあります。
更新料
家賃
更新についての話合いでは、これまでの契約内容を確認するとともに家賃の値上げ、更新料についても話合われることが多いようです。また、このとき賃貸期間について1年以上であれば前の期間より短くすることも可能です。
合意更新
またよろしく
こちらこそ
契約書
話合いがまとまれば契約書を作成します。これを合意更新といいます。
しかし話合いがどうしてもまとまらずまとまらないまま期間が満了してしまったら…
そのようなとき契約は自動的に更新されます
この法定更新を阻止するには法的手段が必要

法定更新

通常の期間の定めのある賃貸契約で、貸主から更新拒絶等がない、あるいは更新の話合いがまとまらないまま期間が満了したときには、契約は自動的に更新（法定更新）されます。

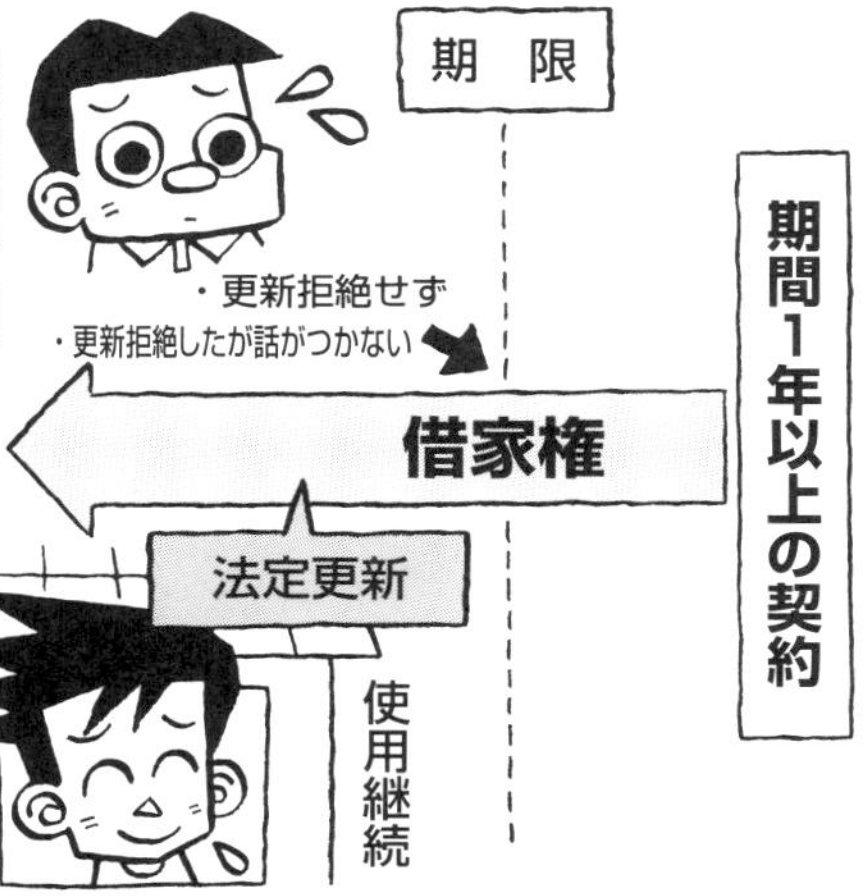

期限
期間1年以上の契約
・更新拒絶せず
・更新拒絶したが話がつかない
借家権
法定更新
使用継続

法定更新では、前の契約と同じ契約内容になります。
ただし、契約期間についてだけは、「期限の定めのない契約」となります。
なお、期間の定めのない賃貸契約の場合の解約申し入れでも使用継続により法定更新されます。

●一時使用のための賃貸借は法定更新されない

一時使用のための賃貸借には、借地借家法の適用がなく、法定更新されません。その要件は、①賃貸期間が短期であること、②貸主の側に短期間で貸さなければならない事情があること、③一時使用の賃貸借であることについて当事者間で明らかなこと、などです。

個々のケースの判断にあたっては、いろいろな面から検討され一時使用か否かが判断されます。

●定期建物賃貸借契約では更新はない

平成12年3月1日以降の契約では、定期建物賃貸借契約が認められています。この契約を結ぶと、期間満了により、正当事由の有無に関係なく賃貸借契約は終了し、更新はありません。

●使用貸借は法定更新されない

使用貸借とは、無償（タダ）で貸すことです。借地借家法が適用されるのは賃貸借ですので、使用貸借には適用されず法定更新もされません。ただし、貸主側が少しでも金員を受け取っていると、争いになることがあります。

●更新料の支払と特約

更新料は、更新料を支払う特約がなければ、支払う必要はありません。この特約については有効か無効かが争われましたが、最高裁判所は「高額すぎるなど特別な事情がない限り有効」（平成23年7月15日）としました。

Q 賃貸借契約を中途解約したいとき

中途解約の場合、従来型の普通賃貸契約と定期賃貸契約とでは、中途解約の可否の判断が異なります。

〔普通建物賃貸借契約〕

中途解約の特約があればそれに従うことになります。

特約がない場合には、期間の定めのない契約であれば、賃借人が解約を申し入れて3か月後に契約は終了します。期限の定めがある場合には、原則として、中途解約はできません。

〔定期建物賃貸借契約〕

①床面積200㎡未満の居住用建物で、やむを得ない事情により、生活の本拠として使用することが困難となった借家人からは、特約がなくとも法律により中途解約ができます。

②①以外の場合は、中途解約に関する特約があればその定めに従うことになります。

①②以外の場合は中途解約は難しいことになります。

契約に定めがなければ更新料の支払い義務はない

契約更新
今後ともよろしく それでは更新料を…
えっ
更新料払うんですか?
更新料は賃貸契約の期間が満了して更新される際に賃借人から貸主に対して支払われる一時金です。①不足賃料の一括払い ②更新拒絶を回避するための保険料などと考えられています。
どこでもそうですよ
とくに都市部でその傾向が強いようです。
でも契約書には
更新料のことどこにも書いてないですよ…
契約
更新料について法律には何の規定もありません。むしろ、借地借家法の建前からすると更新料など支払う必要はないとも言えます。
……!
更新料については考えさせてください
※更新料支払いの特約があった場合については左ページをご覧ください。
しかし…
めんどくさい賃借人だなあ
他の住人はみんな払ってくれたのに…
貸主側としては更新料の代わりに明渡し請求や家賃値上げ請求といった対抗策を取ることも考えられます。
そこで現実は…
やっぱり払います
そのようなトラブルを避け貸主との円満な関係を続けるために、更新料を支払うことが多いようです。
壱万円
更新料の額はケースバイケースですが一応の相場としてアパートなどは新家賃相当額の1～2カ月分、店舗などはアパートより高めのようです。更新料なしもあります。

更新料についての特約があれば支払義務がある

賃貸契約
更新のとき更新料を払ってくださいね
はい わかりました
特約
更新料について法律には何の規定もありません。しかし、契約のときに貸主・賃借人が合意して更新料について特約をする場合があります。
うーん
第□条
本賃貸借契約の期間が満了する場合、賃借人が契約の更新を求めるときは、賃貸人に対して、新賃貸料の○カ月分相当の更新料を支払うものとする。
第□条
もうすぐ更新だ…
更新料を払うってあるけどいやだなあ
契約書
更新はしますが更新料は払いません
え!! 特約があるのに…
契約違反だ! 契約解除します 明渡してくれ
更新料の支払い義務あり
裁判所
やっぱり払うのか…
更新料の特約を守らないことが契約解除の理由になるかについては争いがあります。しかし、それでも特約があった場合、賃借人には更新料支払いの義務があるとされています（最高裁・昭和50年9月22日判決）。
なお、更新料の額は新家賃の1～2カ月分相当というのが普通です。また、そのくらいの額でないと、たとえ特約しても借地借家法37条の趣旨に反し無効になる可能性があります。
協議の上支払う。
新賃料の○カ月分相当。
これでも有効です

更新料の代わりに家賃の値上げを言われたが

家賃を少し値上げさせてください
それと更新料もいただきます
えっ
えっっ
更新料？
更新料については法律には何の規定もありません。しかし、更新料を支払う特約をしていれば、賃借人には更新料を支払う義務があります。また、特約のない場合でも貸主が求めれば支払うことが多いようですが…。
更新料を払う特約はないので
更新はしますが更新料は払いたくありません
わかりました更新料はいただきません
そのかわり家賃の方をさらに上げさせていただきましょう
家賃の値上げは適正な額を適正な時期に行なうのであれば借地借家法32条で認められた「貸主の権利」です（左ページ参照）。
値上げって…
この額はあんまりだあ
この場合の問題は貸主側の値上げ請求が妥当か否かということです。
賃借人としてはまず相当とされる家賃（従前の額）を受取るよう、貸主と交渉することです。
これでお願いします
貸主がそれを受取らないときは
賃借人は「供託」（73ページ参照）をしながら、さらに交渉を続けます。
供託
○○法務局
供託をしないと債務不履行とされてしまいます。
裁判所
調停
供託
こうなると貸主側は賃借人と話合って妥協するか、裁判所に調停の申立てをするしかなくなります（第5章参照）。賃借人は、決着がつくまでは供託を続けます。

更新の際に家賃の値上げを言われた

家賃をですね
少し値上げ…
え〜っ
何で？
ひどい
家賃の値上げは賃借人の反対にあうことが多く、家主には頭の痛い問題です。

しかし
家賃の値上げは「貸主の権利」です（借地借家法32条）。
あ
でも
しかし
これは
ですね
適正な額の値上げは当然の主張として請求できます。

適正な額って
何なのよ…
※家賃値上げが不当と思われる場合は、右ページ参照。
賃借人としても適正な値上げ請求まで拒むことは賢明ではありません。
借地借家法32条1項は家賃値上げの要件を三つあげています。

◆家賃値上げの条件

① 土地や建物に対する税金（固定資産税、都市計画税など）、その他の負担が、高くなったこと。

② 土地・建物の価格が高くなったこと（固定資産税評価額や土地公示価格、取引事例などによる）。

③ 付近の家賃と比較して不相当に安くなったこと。

※ これらの要件すべてではなく、一つでも該当すればよい。また、これら以外の事情でも正当なものであればよい。

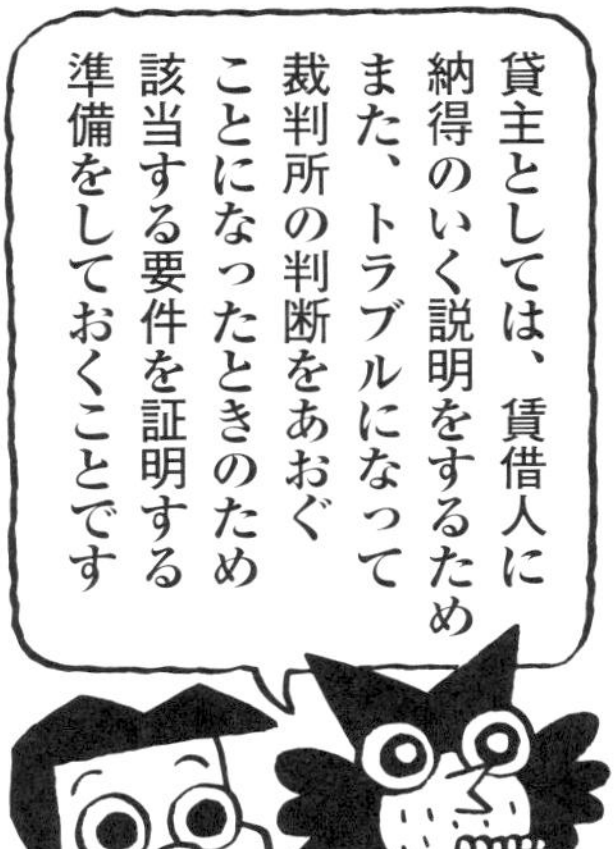
貸主としては、賃借人に納得のいく説明をするためまた、トラブルになって裁判所の判断をあおぐことになったときのため該当する要件を証明する準備をしておくことです

また、上記の要件のほか、判例の傾向として旧家賃の決定時から「一定の期間」が経過したことを必要としているようです。

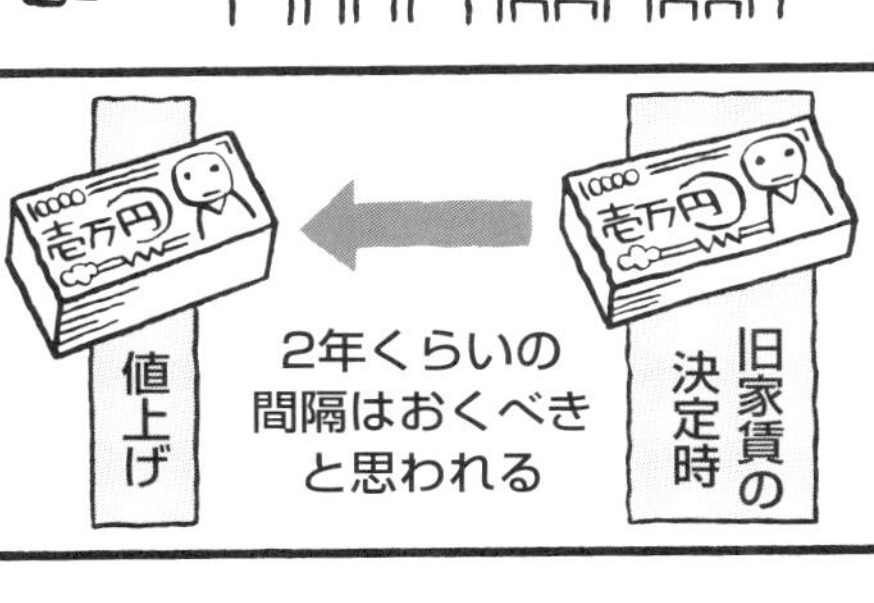
旧家賃の
決定時
2年くらいの
間隔はおくべき
と思われる
値上げ

今の家賃がどんなに安くても、数カ月、半年おきなどという値上げは不相当です。

3.明渡しで問題となる「正当事由」とは

借家法・借地借家法
賃借人には賃借権があり、民法、借地借家法によって保護されています。
事情があって明渡してもらいたいのです
立退料は出します
いいですよ
合意
しかし、合意が得られず明渡してもらえないとき、それでも明渡してもらいたい場合には、裁判で「正当事由」の有無を争うことになります。
事情があって…
事情はこっちにもあるんです
明渡せません
※定期賃貸契約の場合は更新はなく、正当事由の問題は生じません（１４４ページ参照）。
正当事由の有無は貸主の事情だけで判断されるものではありません。貸主、賃借人それぞれの諸事情を比較衡量して判断されます。
正当事由
貸主側の必要性が弱く正当事由が認められない場合であっても立退料の提示により正当事由の不足分を補い、正当事由が肯定される場合もあります。
正当事由ありと認められれば、明渡してもらうことかできます。
正当事由
正当事由なしと判断されれば明渡してもらえません。
今までどおり
よろしく

借家法では正当事由の内容について「家主自らがその建物を使用する必要性がある場合」と抽象的でしたが、新法の借地借家法では左記のように明文化されました。

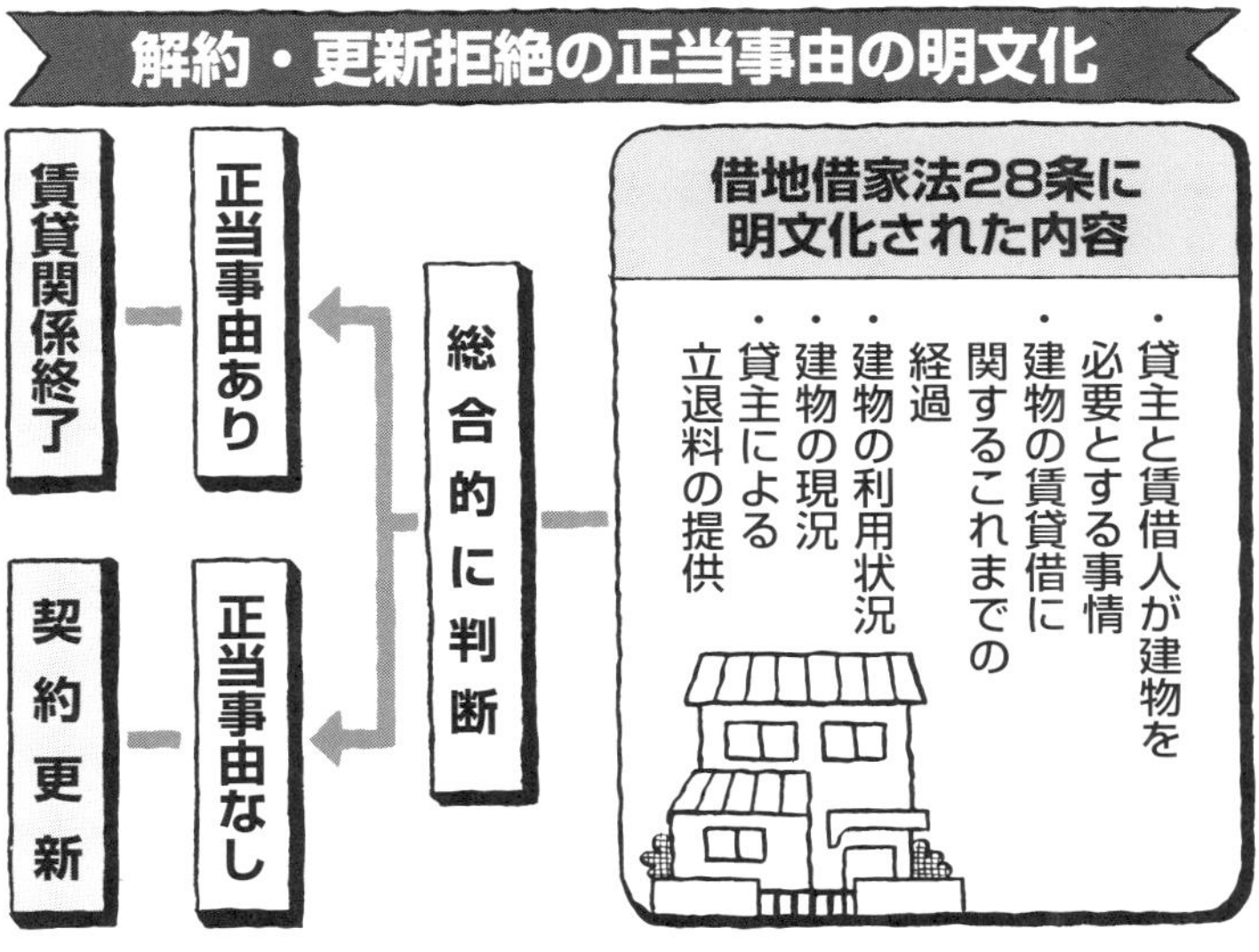
解約・更新拒絶の正当事由の明文化
借地借家法28条に明文化された内容
・貸主と賃借人が建物を必要とする事情
・建物の賃貸借に関するこれまでの経過
・建物の利用状況
・建物の現況
・貸主による立退料の提供
総合的に判断
正当事由あり
賃貸関係終了
正当事由なし
契約更新

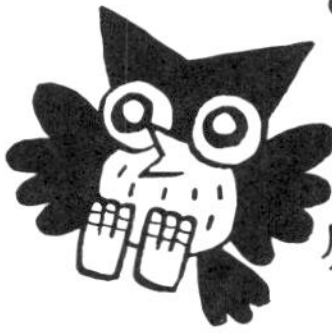

●正当事由の判断で考慮される事情とは

貸主側の事情としては、自己使用（居住・営業）・第三者（親族など）の使用の必要性、生計事情、建物の改築・修繕・新築の必要性、売却または有効利用（例えば建物の高層化）の必要性、立退料・移転先の提供、賃貸借に入った事情、その他（貸主の破産・貸主の変更など）が考えられます。

賃借人側の事情としては、自己の必要性、生計事情、建物を転貸する必要性、従来のいきさつ（賃借人の貸主に対する背信行為・誠実さ）、その他（賃借人の破産による将来の賃料支払い能力の不安など）が考えられます。

●正当事由の存在時期

正当事由は、

①更新拒絶の場合には、期間満了前6カ月から期間満了まで

②解約の場合には、解約申入れの時点から、その効力が生じる6カ月間

存在することが必要とされます。

正当事由の争いは双方の事情の違いでその判断が変わります次ページからの具体例を参考にしてください

Q 「正当事由」に関する条文は

●借地借家法28条

〔建物賃貸借契約の更新拒絶等の要件〕

「建物の賃借人による第二六条第一項の通知又は建物の賃貸借の解約の申し入れは、建物の賃貸人（転借人含む。以下この条において同じ。）が建物の使用を必要とする事情のほか、建物の賃貸借に関する従前の経過、建物の利用状況及び建物の現況並びに建物の賃貸人が建物の明渡しの条件として又は建物の明渡しと引換えに建物の賃借人に対して財産上の給付をする旨の申出をした場合におけるその申出を考慮して、正当の事由があると認められる場合でなければ、することができない。」

この条文は正当事由の内容を明文化したもので、更新拒絶ではこの正当事由の有無が問題となります。

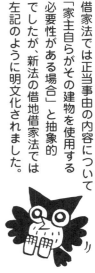

正当事由をめぐるトラブル／ケース 1

息子を住まわせることに正当事由が認められた例

ああ
また胸が痛い
私も
トシだから…
貸主は高齢の女性です。高血圧症である上に単身居住で介護を必要としています。

そこで貸主の建物に隣接している貸家を明渡してもらい、そこに息子一家を住まわせたいと考えています。
息子たちが
隣りにいてくれたら

毎朝新聞
明渡してください
賃借人は新聞販売業で契約当初はこの建物に住んで営業していました。その後、別に家を購入してそちらに住んで営業しており…

現在貸家には従業員である大学生三人を住まわせています。

判断

裁判所は貸主側の必要性が高いと認定し、賃借人が別に家を建てて居住した時点で正当事由を具備するに至ったと判示しました。

正当事由あり

【参照判例】
東京地裁・昭和56年10月7日判決

年金生活者への明渡しで正当事由が認められなかった例

国民年金
借家からの家賃収入
自身も借家住まい
家賃
地代・公課
貸主は一人息子が死亡し現在は頼れる者もなく、貸家からの家賃収入と国民年金だけが収入です。貸主自身も賃貸住宅住まいで収入は家賃に充てられ、自身の所有する借家建物の公課と地代も支払わなければなりません。
あの建物を明渡してもらい自分で住んで、1階部分を事務所として賃貸できたらいいのに…
貸事務所
明渡してください
えっ
賃借人も高齢の女性で年金と生活保護で生活しています。
大家さんの事情もわかるけど私も困ります…
立退料を出しますから老人ホームに入るとかなさってはいかがです
よよよ…
老人ホームはいやです
こんな年寄りもう誰も家を貸してくれません
このままいさせてくださいな…

判断

裁判所は「貸主側の必要性が賃借人側の使用の必要性を優越しているとは認めるに足りない」とし、また、正当事由の補強として立退料を支払う旨の主張も「低額（70万円を限度）と言わざるを得ない」として、正当事由を認めませんでした。

正当事由なし

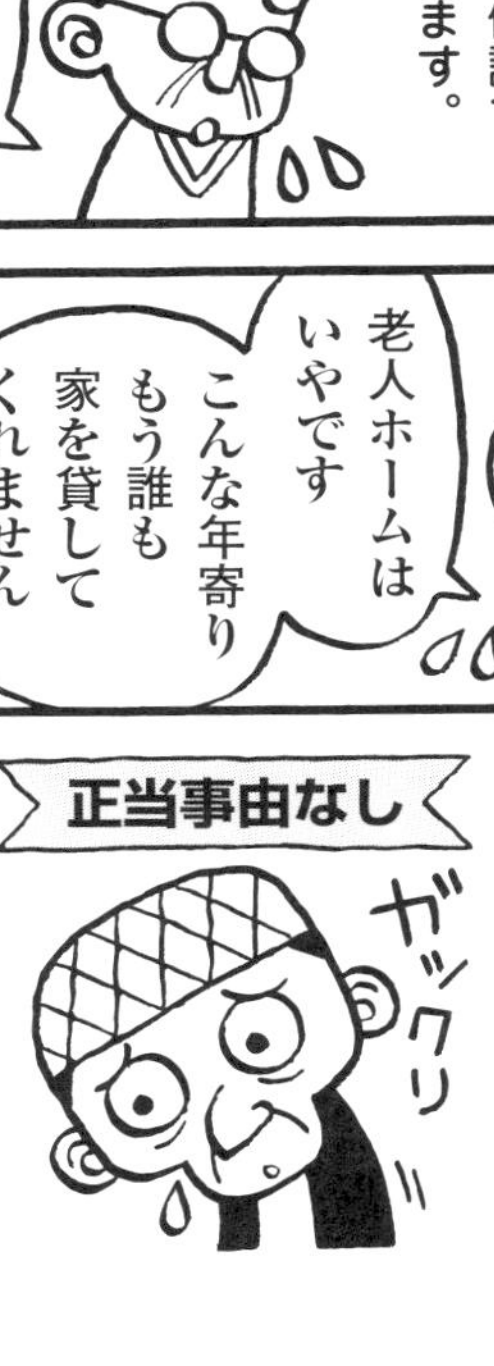
ガックリ

【参照判例】東京地裁・昭和56年10月26日判決

正当事由をめぐるトラブル／ケース 3

他所に店舗があっても正当事由が認められなかった例

貸主は現在賃貸中の店舗を取壊し、その土地を含めた敷地に自分の営む会社の社屋を建て
従業員の宿舎、資材置場などに利用する経営合理化を考えています。
精肉店
というわけで明渡してください！
精肉
そんなあ!!
計画書
支店
支店
支店
精肉店
だってあなた商売繁盛で支店も出してるじゃないの
そっちを本店にすればいいでしょ？
お借りしているこの本店はJRの駅に近いから繁盛しているんです
この本店を失ったら他の支店も共倒れです
あなたも経営者ならわかるでしょ？
う〜ん
そうかなあ

判断

裁判所は、この駅はJR駅の近くという立地条件から重要な収入源となっておりこれに代わる移転先を求めることは困難だとする賃借人の主張を認め解約申し入れに正当事由はないとしました。

正当事由なし
計
画

【参照判例】最高裁・昭和46年11月4日判決

長男との同居を理由に正当事由が認められた例

貸主の女性は自分の家を賃貸し土木建設会社の好意で住み込みで働いていました。60歳になったので職を失い、住み場所をも探さなくてはならなくなりました。
〇×建設
お元気で
お世話になりました
貸主には雑役をしている長男がいます。
あんたといっしょに住めないかねえ
女房と子供もいるしここじゃ無理だよ
どうだろう…貸してる家を明渡してもらってあそこならみんなで住めるし
実は俺も修理業を始めたいんだよ
というわけで明渡してください
えっ
行ってらっしゃい
外科医院
別の町に外科病院を開設し、毎日通っています。
賃借人は医師で夫婦2人暮らし…
まいったな
この町気に入ってるのに
引越しても病院経営には影響はないはずだ…
そうよ

判断

このケースでは、貸主と賃借人の必要度が明らかに違います。貸主は失業して今すぐの住居に困っているのに対して、賃借人は他の場所に病院を開いています。また、長男に自宅で営業する仕事の必要性があったことも有利な材料になりました。

正当事由あり

【参照判例】
最高裁・昭和27年12月11日判決

大幅な無断改築でも正当事由が認められなかった例

古い建物ですがこんな家を探してたんです
ここで料理屋をやりたいので貸してください
ほうこの家で…よろしい貸しましょう
賃貸契約を結ぶと、賃借人はすぐに店舗にするための改装をはじめました。
トイレを水洗にして無断で水道を増設
レストランめしや
一階の柱を取除いて入口を拡張
壁の一部を取壊して二階に台所を増設
こんな増改築は聞いてないぞ!!
店舗として使用するならこれくらいの改装常識でしょう
納得して貸してくださったんじゃないんですか？
建物としては前よりも丈夫になってますよ
勝手な理屈だ
無断増改築だ！明渡してくれ!!

判断

改造の程度が貸主の正当事由になるかが争われました。裁判所は、この工事は営業上必要なもので、建物を補強した面もあるとして正当事由を認めませんでした。しかし、これはかなり特殊な例とみるべきでしょう。

正当事由なし
ガクッ
貸すんじゃなかった…

【参照判例】
東京地裁・昭和38年1月28日判決

正当事由をめぐるトラブル／ケース6

無断改築や賃料不払いで正当事由が認められた例

Aさんは亡くなった友人の奥さんに同情し自分の家を彼女に貸しています。Aさん自身はアパートを借りて暮らしています。ところが…
私はどうしたらいいんでしょう
私の家でよかったらしばらくは
奥さん家賃は入れてくれないと困ります
あらゴメンナサイいろいろ苦しくて
そのわりには立派な暮らしで…台所やトイレも改造しましたね
そういうことは貸主である私の承諾を得てからしていただかないと
あら家を貸したらそんな態度？
主人への友情だなんてウソじゃないのお金が目的ね！
ふん
なんてことだ…
実は、Aさんの娘（養女）が結婚を機に、Aさんとの同居を希望しています。
その家さえあれば娘と同居できるんだ！明渡してください
私は悪くない

判断

このケースでは貸主の自己使用の必要性と、賃借人の信義誠実義務違反の二つが問題となりました。裁判所は、自己使用の必要性の高さを認め、さらに、賃借人の信義誠実義務違反は明白であるとして、明渡しの正当事由を認めました。

正当事由あり

【参照判例】
東京高裁・昭和28年10月27日判決

正当事由をめぐるトラブル／ケース 7

居住用マンションを事務所に使い正当事由が認められた例

ご職業は？
デザイナーです
つぎつぎデザイン機器が搬入され
貸主AさんはデザイナーBさんに居住用としてマンションを貸すことになりました。Bさんの仕事は順調のようでそれはそれでよかったのですが……
人の出入りも多くなってきました
先生
先生
やあ いらっしゃい
Bさん、ここは一般居住用のマンションです
事務所としての使用は困ります
いやあ
わかってます
さらに別の町でマンションを購入していたこともわかり事務所として使用していることは明らかです。
契約違反だ出ていってください！
いやあ
再三の抗議にも変化はなく
業種別
いつのまにか業種別電話帳に電話番号まで載せていました。

判断

このような場合、貸主との信頼関係が一番の問題です。賃借人は貸主の再三の抗議を無視しただけでなく居住用のマンションも購入しており、また本件の賃料も安かったことから、解約の申し入れに正当事由ありと判断しました。

正当事由あり

居住用ですから…

【参照判例】
東京地裁・昭和52年6月21日判決

正当事由をめぐるトラブル／ケース 8

騒音・振動を理由に正当事由が認められた例

倉庫としてお借りしたいのですが
どうぞどうぞ
貸主Aさんの住居に隣接する空室を借りたいと言ってきた人がいました。Aさんは喜んで賃貸契約を結びました。
Aさんは病気療養中
安定した家賃収入があればゆっくり療養ができると考えたのでした。
ところが…
ガガガガガガ…
な なんだ?!
ガガガガガ…
ひえ～っ
賃借人は倉庫として借りたはずの建物で、いつのまにか簡単な作業を行ない、やがて動力機械を据えつけて本格的な作業まではじめました。
騒音・振動はかなりのもので
病身のAさんには耐え難いものです。
使用目的違反と騒音による迷惑！明渡してください
何?
聞こえないよ
ガガガガ…

判断

裁判所は用法違反については認めませんでした。しかし、貸主は病気療養中であり、賃借人の出す騒音は「受忍限度」を超えているとして、正当事由を認めました。

正当事由あり
ホッ

【参照判例】
東京高裁・昭和39年5月18日判決

嫌がらせをする借家人に対し正当事由を認めた例

Aさんは賃借人がいることを知りながら気に入った家屋を買いました。
賃借人がいますよ
わかってます
新しく家主になりましたところで明渡していただけませんか
えっ
賃借人には賃借権があり、法律によって保護されています。
そんなの困る…
家主が替わっても以前と同じ条件で賃借契約を続ける権利があります。
Aさんは交渉を続けましたが…
立退料も出します
移転先も提供します
明渡しを…
そんな勝手な要求のめないよ！
賃借人は、家主の提案に一歩の譲歩もみせず…
馬鹿野郎死ね！
和解
そのうえ家主やその家族に暴言をあびせたり、屋敷内を浸水させるなど悪質な嫌がらせをするようになりました。簡易裁判所の和解にもほとんど出頭してきません。

判断

古い判例ですが珍しいケースですので掲載しました。本来なら正当事由はないと思われるケースですが、①貸主の移転先の提供、②和解のための簡裁の努力があったが賃借人は一回も出頭しなかった、③賃借人は移転先を探す努力もしなかった、などを理由に正当事由を認めました。

正当事由あり

ホッ

【参照判例】
奈良地裁・昭和26年1月18日判決

古い建物の建替えに正当事由を認めた例

ここは繁華街の一等地
近代的なビルが立並んでいます
そのビルとビルの谷間にバラックと言ってもいいような古い家屋があります。この家屋は賃貸建物で賃借人が住んでいます。
明渡してもらってその敷地にビルを建てたい
貸主はそう考えて明渡しを要求しているのですが
移転先もなく出ていくわけにはいきません
賃借人はそれに応じてくれません。
私の利害だけで言ってるんじゃないんだ この建物の敷地は道路より低く下水があふれてたびたび浸水するでしょ？
土盛りの必要があるんですよ
私は
このままで平気だよ

判断

古い判例ですが、今日にも通用する事例と思われます。判決は、この土地をこのままの状態にしておくことには衛生上の問題もあるとして、解約の申し入れは借地借家法にいう正当事由があるとしました。

正当事由あり

【参照判例】
最高裁・昭和35年4月26日判決

建物の老朽化に正当事由を認めなかった例

貸主Aさん所有の建物はすでに朽廃に近い状態です。大修繕を加えてもその社会的経済的効用を回復することは不可能でしょう。
木造・長屋式
築60年を経過
残ってるのはあなた方一家だけです
明渡してください
ここを追い出されたら困ります
賃借人は6人家族。この建物を明渡しては生活に困ると言って立退いてくれません。
Aさんの不満はもうひとつありました。
子供たちが玄関先で立小便をしたり
じょ〜
八畳間に鉄板を張った木枠を敷き、薪ストーブを使用して危険なのです。
ぜんぜん大切に使用してないじゃないか！
すみません
立小便はやめさせます
ストーブも…
だから立退きだけは…

判断

裁判所は、建物は朽廃状態にあるといっても、まだ住居としての効用を残存させ、それを失うまでには5年余の期間があり、また、不適切な使用については、貸主の注意により止めているなどの事情を認定して、正当事由を認めませんでした。

正当事由なし

ガクッ

【参照判例】
東京地裁・昭和55年6月30日判決

建物の大修繕で正当事由が認められた例

Aさん所有の建物はたいへん古いため安い賃料で人に貸しています。
もう限界だな
しかし、破損がひどく、台風や地震で倒壊するおそれもでてきました。
修繕……いや大修繕が必要だ
となると人が住んでいちゃ工事ができない
大修繕しますから明渡してください
そんな馬鹿な話聞いたことがない
こんなボロ屋で生活させておいて
修繕は貸主の義務でしょ
賃借人は、修繕は貸主の当然の義務であり、修繕を理由にした解約の申し入れになど応じられないと言って明渡しを拒否しました。
古い家だから相場より安い家賃で貸していたんだ
あなたもそれは承知の上で入居しましたよね
修繕が必要と思うのならすぐに直してよ
でも私は明渡さない！

判断

このケースでは、借家人の利益をどのくらい保護するべきなのかが問題になりました。

けっきょく、貸主が朽廃しそうな家屋を延命しようと考えるのは当然であるとし、いかに契約期間中であっても、貸主に無制限の修繕義務を負わせるのは不合理として、明渡しを命じました。

正当事由あり

【参照判例】
最高裁・昭和35年4月26日判決

立退料を申し出ても正当事由が認められなかった例

Aさんは繁華街にある築50年になる古いビルを購入しました。これを取壊し近代的なビルを新築して利益を得ようという計画です。
社長、賃借人がいますが
ある程度の立退料は覚悟の上さ
ビル
Aさんの交渉でほとんどの賃借人が立退料を受取り出ていきました。
これでどうです
わかりました
しかし…
まいったなあのジイさん
ガンコで話にならない
その賃借人は71歳の歯科医師、このビルの一室で30年近く歯科医院をやっています。月収は約120万円（昭和54年当時）。他に移転して新たに開業するのは困難です。
長年ここでやってるんだ
移転は困る
患者も困るよ
わかった立退料は
裁判所が認定する妥当な額を耳をそろえて出す
ドカッ
あんたは金もうけしたいだけだろ
私はこの仕事を続けたいんだ！

判断

裁判所は、建物が朽廃していないこと、建替えについて貸主側に具体的計画がないこと、借家権価格が相当高く評価されると思われること、建物の明渡しにより賃借人の被る財産上・精神上の損失が大きいことを理由に、立退料支払いの申出があっても正当事由を具備するには至らないとして、明渡しを認めませんでした。

正当事由なし

【参照判例】
東京地裁・昭和54年12月1日判決

移転料の提供により正当事由が認められた例

Aさんには賃貸している家があります。
あの家明渡してくれないかなあ
Aさん一家は6人家族。結婚したばかりの長男夫婦と次女が、二階で生活しています。長男夫婦を別居させてやりたいのですが…。
賃借人はその家を販売会社の事務所にしています。
○×商会
明渡してください
困りますよ
私の商売のこともあるけど
娘がここでレッスンをしてるんですから
ピアノ教室
賃借人は4人家族で住む住居は別の場所です。ただ、長女がここでピアノを教えておりそれはAさんも承知のことでした…。
立退料は払います
大家さんごぞんじないのは無理もありませんが…
ピアノのための床の補強や防音設備にはかなりの費用がかかるんですよ

判断

裁判所は、貸主の本件建物の必要性は長男の結婚によって現実化したと認定し、賃借人には資力もあり移転することは困難ではないとして、貸主がピアノの設置場所確保のため500万円を支払うことを条件に、正当事由を認めました。

正当事由あり

【参照判例】
大阪地裁・昭和57年4月28日判決

◆更新請求通知書

更新請求通知書

令和○年○月○日

□□県□□市□□町□□□番地
賃貸人　　甲　野　太　郎　殿

□□県□□市□□町□□□番地
賃借人　　乙　川　次　郎　㊞

私と貴殿との間で締結した、○○県○○市○○町□丁目□番地に所在する建物についての賃貸借契約は、令和○年○月○日に契約期間が満了いたします。

つきましては、前契約と同一の条件で契約を更新していただきたくお願い申し上げる次第です。

（※一般には、更新に際しては貸主から通知がある）

◆自己使用を理由とする更新拒絶通知書

更新拒絶通知書

令和○年○月○日

□□県□□市□□町□□□番地
賃借人　　乙　川　次　郎　殿

□□県□□市□□町□□□番地
賃貸人　甲　野　太　郎　㊞

貴殿よりの、令和○年○月○日付の内容証明郵便による借家契約更新請求書を拝見いたしました。

本件建物の賃貸借期間の満了後も前契約と同一の条件で契約を更新したいとのことですが、当方は、貴殿との賃貸借契約満了後は、私自身が当該建物を使用する予定があります。従いまして、貴殿の更新の請求に応じることはできません。なにとぞご了承いただきたく存じます。

（※更新拒絶には、正当事由の存在を明示する）

第4章・賃貸借契約の終了とトラブル

1.期間満了で契約を終了させるときの手続き

明渡してもらいたい
期間満了で賃貸契約を終了させたいとき、貸主は賃借人に対して更新拒絶、あるいは解約の通知をして明渡しの請求をします。
更新拒絶の通知は期間満了の1年～6カ月前にすることになっています。
通知
6カ月前切ってる
9
更新拒絶の通知が6カ月前を過ぎると契約は更新され、期間の定めがない契約となります。

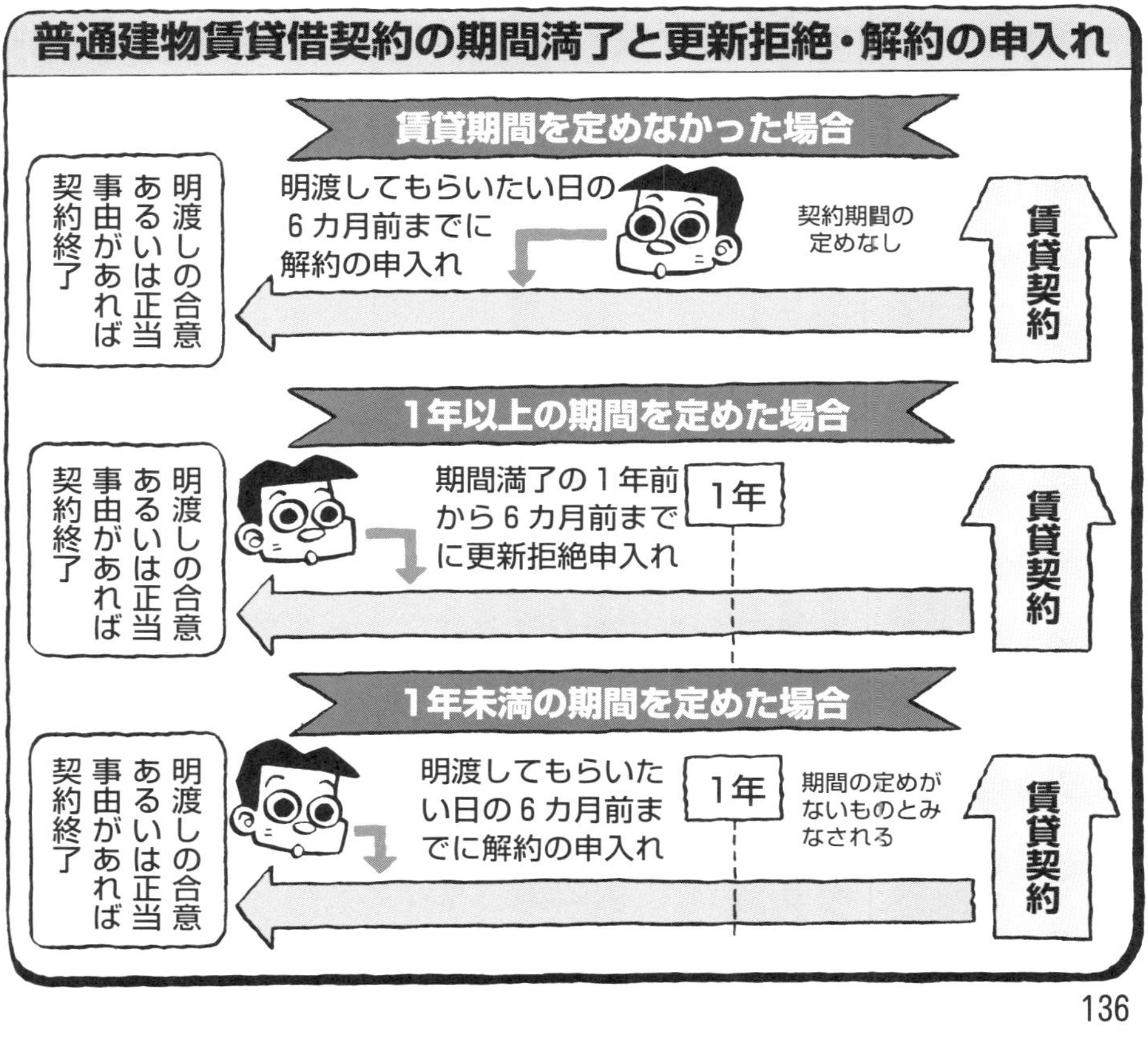

普通建物賃貸借契約の期間満了と更新拒絶・解約の申入れ
賃貸期間を定めなかった場合
賃貸契約
契約期間の定めなし
明渡してもらいたい日の6カ月前までに解約の申入れ
明渡しの合意あるいは正当事由があれば契約終了
1年以上の期間を定めた場合
賃貸契約
1年
期間満了の1年前から6カ月前までに更新拒絶申入れ
明渡しの合意あるいは正当事由があれば契約終了
1年未満の期間を定めた場合
賃貸契約
期間の定めがないものとみなされる
1年
明渡してもらいたい日の6カ月前までに解約の申入れ
明渡しの合意あるいは正当事由があれば契約終了

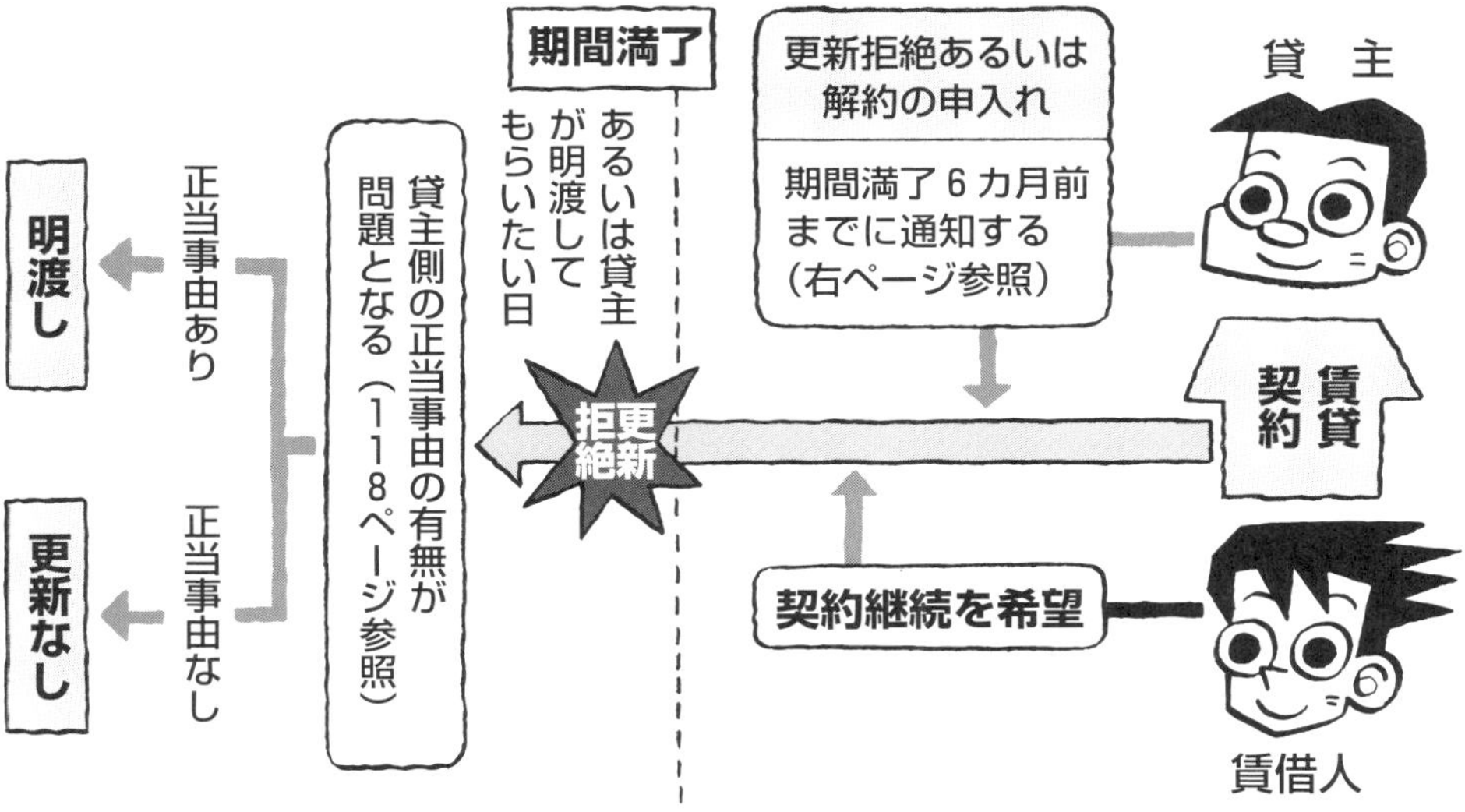

Q 契約の終了では何が問題になるか

契約の終了では、以下のような問題が生じます。

〔原状回復義務〕

賃借人は借りた建物を返還する場合に、原状回復義務があります。これは、賃借人が破損させた部分などは修復して借りた状態にして返還するということです。ただし、通常の使用をしていて損耗した部分については元のように綺麗にして返す義務はありません。

〔敷金の返還〕

敷金（26ページ参照）は、賃料の不払いなどを担保するものですから、問題がなければ、契約終了に際し賃貸人は返還しなければなりません。しかし、賃貸人の中には、返還をしぶったり、返還をしないなどでトラブルとなるケースもあります。

〔その他〕

家具類を置き去りにした、などの問題もあります。

2.明渡しの場合の立退料の問題点

立退料とは、一般に貸主から賃借人に対し、建物の明渡しにともなって支払われる金銭のことをいいます。

立退料が支払われるケースはさまざまです。また、最近は立退料の支払いが正当事由（118ページ参照）を補強し、正当事由を認める判例が多くなってきました。そして、ケースによって算定基準は異り、ゼロから借家権（賃借権）相当額、さらには営業補償と莫大な額になるケースもあります。

※立退料をめぐる裁判例⬇146ページ

正当事由もなく明渡しを求める場合

正当事由がなく明渡しを求める場合、借家人が金銭の問題ではないと言えば、それまでです。しかし話合いで明渡しの了解が得られれば、話合いの中心は立退料の額です。

ケースによりますが一応の目安として明渡し時点における借家権価格ということになります。ただし、あくまでも目安で、あとは交渉しだいです。賃借人がそこで営業をしているときには、営業補償も必要になります。

★建物の借家権（賃借権）価格

借家権価格は、最終的には専門家に鑑定してもらうしかありません。相続税の評価基準によれば、税務署で調べることができる借地権価格（更地価格の70%程度）の、さらに30%程度が、借家権価格となります。

（更地価格×０.７×０.３＝借家権価格）

しかし、これはあくまで目安です。また、住宅用にくらべ営業用の建物の場合、若干高率になっているようです。

正当事由の存否が不明のとき

正当事由があるか否か争ってみないとわからない場合です。つまり、正当事由の補完としての立退料の要素が強くなります。

したがって、その金額は個別的事情によって異なりますが、借家権価格を基礎として貸主・賃借人それぞれの必要性などを考慮した上で正当事由の不足の程度を総合的に判断して決めます。

貸主側に正当事由があることが明らかな場合

貸主側に正当事由があれば賃借人が何と言おうと明渡してもらうことができます。しかし、それには裁判手続きを経る必要があり、費用面でも時間面でも大変です。

正当事由が明白なのですから立退料はなしで引越し費用程度が相当と思われるところですが、前記のような面倒を避けるためある程度の立退料を支払って話合いで決着するのも手でしょう。

Q 明渡しの約束を守らせるには

明渡しの話し合いがついても、その合意を守ってくれるかどうか、心配な場合があります。

賃貸人側の不安は、期日に確実に明け渡してくれるかどうかで、賃借人の不安は、立退料の約束がある場合に、その支払いの約束を守ってくれるかどうか、ということなどです。

こうした場合、合意した内容を公正証書にしておくとよいでしょう。公正証書にしておけば、後日紛争になった場合の強力な証拠となり、また、立退料などの金銭支払については、公正証書を債務名義として強制執行をすることができます。家屋明渡しの執行は公正証書ではできませんが、訴訟の場合の証拠として役立ちます。

また、訴え提起前の和解（即決和解）を利用する方法もあります。

3.明渡しの場合の造作買取請求権とは

賃借人は居住目的あるいは店舗として使用しているあいだに貸主の許可を得て内装などの造作をした場合、多額の金銭を投資しています。

そこで旧借家法は立退きの場合、賃借人から貸主に対する造作買取請求権を認めていました。この権利は形成権といわれるもので、賃借人が造作買取請求をすれば、貸主はこれを拒めません。強行規定でした。

※平成4年7月31日以前の契約

明渡してください
それでは
造作は買取ってくださいね

借地借家法でも、造作買取請求権を認めています（33条）。ただし、借地借家法（平成4年8月1日以降の契約）では、この規定は任意規定になりました。借家契約を結ぶ際に、特約で「貸主に造作を買取らない」としておくと貸主に造作買取りの義務はありません。

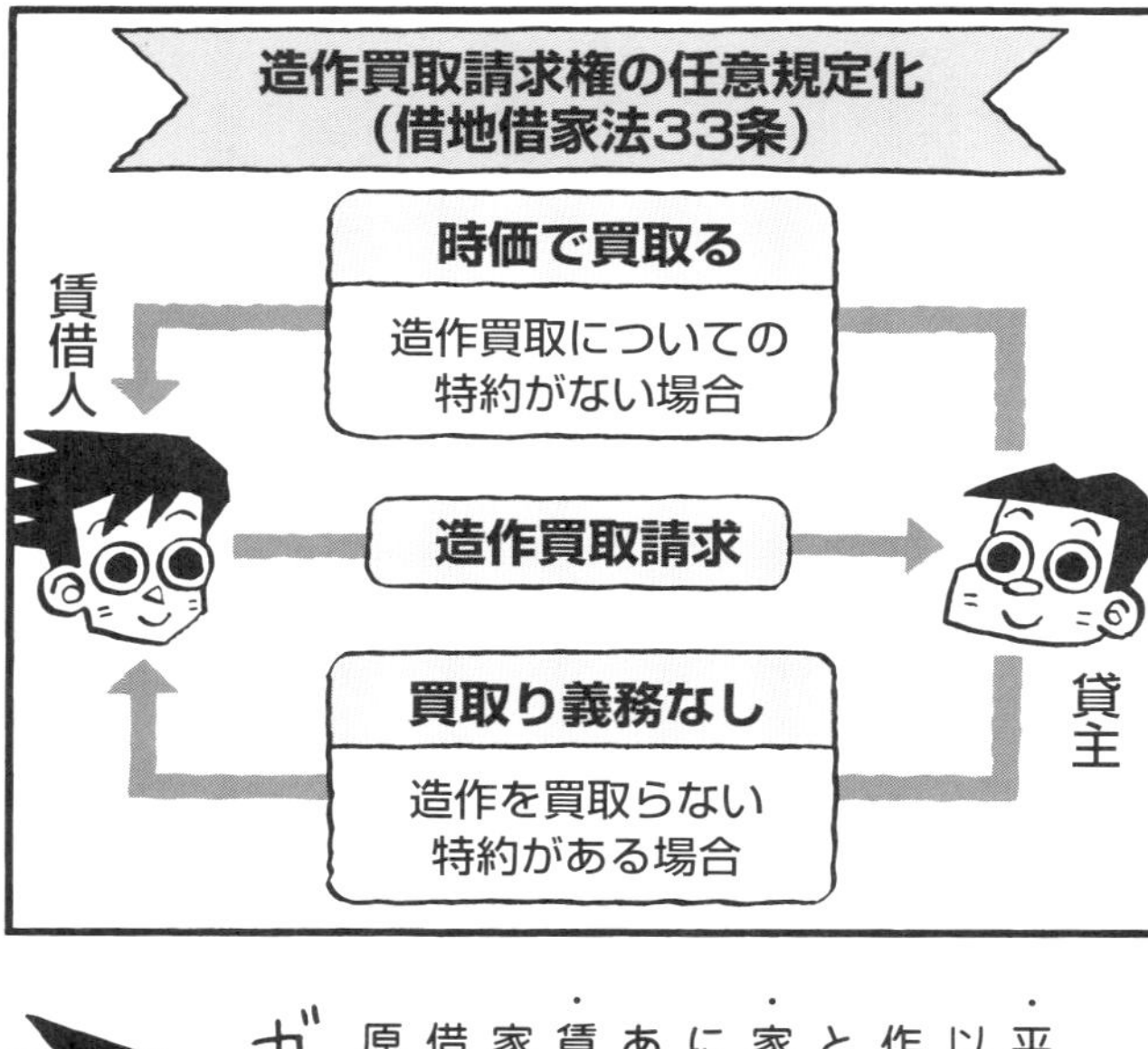
造作買取請求権の任意規定化
（借地借家法33条）
時価で買取る
造作買取についての特約がない場合
賃借人
造作買取請求
貸主
買取り義務なし
造作を買取らない特約がある場合

次のようなとき賃借人は造作買取請求をできません

・平成4年8月1日以降の契約で、造作買取りをしないという特約がある。

・家主の承諾を得ずになされた造作である場合。

・賃貸契約の解除が家賃不払いなど賃借人側の不誠実が原因であるとき。

ガッカリ
特約

◆造作買取請求書

造作買取請求書

令和○年○月○日

□□県□□市□□町□□□番地
賃貸人　　乙　川　次　郎　殿

□□県□□市□□町□□□番地
賃借人　　甲　山　太　郎　㊞

貴方と私との間で□□県□□市□□町□□□番地所在、木造瓦葺平屋居住１棟、建坪□□□坪の建物について賃貸借契約がありましたが、令和□年□月□日のあなたからの解約申し入れにより（または「期間満了により」）令和□年□月□日に契約は終了しました。

ところで、上記建物には、貴方の同意を得て付加した（または「あなたから購入した」）別紙記載の造作がありますから、これを時価□□□円でお買い取り下さるよう請求します。

〈注〉内容証明郵便（配達証明付き）で出したほうがよい。

「造作」となるもの・ならないものの判断基準

要　件	造作となるもの	造作にならないもの
■建物に付加されたものであること	畳・建具 持ち出しは容易であるが、独立性がなく、後にこれを有効に利用することは困難なため	家具・什器・照明燈・応接セット 持ち出しが容易で、後にこれを有効に利用できるため
■借家人の所有に属するものであること	飲食店の内装、水道設備、電灯引込線、ガス設備	壁の塗り替え、たたきの土間 建物の客観的価値を高めたとして費用償還請求の対象（民法608条）
■建物の使用に客観的に便宜を与えるものであること	―	賃借人の趣味や特殊な目的のために付加されたもの 食器棚など
■賃貸人の同意を得て付加したか賃貸人から買い受けたものであること	居住用の畳の買入、喫茶店使用の目的で借入た場合の内装は、契約上予想されるものなので、使用目的の同意があれば個別の同意は不要	―
■賃貸借契約が終了したこと	造作買取請求権の行使は、賃貸借契約が終了したあと。終了原因は期間満了、解約申し入れ、合意解除、借家権の放棄など	賃借人の家賃不払い等の不誠実が原因の場合は、造作買取請求権は認められない

★造作は、買い取らないとする特約がなければ、時価で家主が買取ることになるが、この場合の時価とは建物に付加したままの状態であって、建物から取り外した状態での価格ではありません。

4.敷金の返還と家屋が傷んだ補償は

アパートなどの借家人が家屋を明渡し、立退いたあとで、使用が乱暴で部屋の傷みがひどく修理を要する場合があります。貸主は修理代を賃借人に請求できますが、敷金から修理代を差引いて、残りを返還するというのが一般的です。
敷金は賃貸関係において生じる一切の債務を担保するためのものですが賃借人にとっては利息のつかない預け金でしかありません。
敷金いくら返ってくるかなあ
場合によっては修理代が敷金では足りないこともあり
修理代
敷金
修理代が足りないので不足分払って
敷金
修理代
そんなはずない余った敷金返してくれ
住々にして敷金の返還をめぐる争いになります。
賃借人には善良な管理の下に建物を使用する義務があります。
弁償
その義務に反し建物を痛めた場合はその修理費用を弁償しなければなりません。
その一方で、最近クリーニング代と称して法外な金額を要求する業者、貸主もないわけではありません。
修理費でもめそうなときは家屋明渡しの際に第三者（修理業者、管理業者など）をまじえて修理費用を算定するのもよいでしょう。
こうなります
修理見積書
なお、日常使用による損耗については貸主は賃借人に費用を請求できません。

●原状回復をめぐるトラブルとガイドライン

賃貸建物退去時のトラブルは、近年、増加の傾向にあります。何らかの指針を求める声が強くなってきたことから㈶不動産適正取引推進機構が、平成10年3月「原状回復をめぐるトラブルとガイドライン」を作成しました。今日では国土交通省が公表しています。

●ガイドラインのポイント

①「原状回復」とは

原状回復とは「賃借人（借家人）の居住、使用により発生した建物価値の減少のうち、賃借人の故意・過失、善管義務違反、その他通常の使用を超える使用による損耗などを復旧すること」と定義し、その費用は賃借人負担としました。そして、いわゆる自然損耗、通常の使用による損耗などの費用は、賃貸人（大家）負担としました。これは「原状回復とは、賃借人が借りた当時の状態に戻すことではない」ことを明確化したとも言えます。

②「通常の使用」とは

個別具体の事例を次のように区分して、賃貸人と賃借人の負担の考え方を明確にしました。

A　賃借人が通常の住まい方、使い方をしていても、発生すると考えられるもの。

B　賃借人の住まい方、使い方次第で発生したり、しなかったりすると考えられるもの（明らかに通常の使用などによる結果とは言えないもの）。

A（＋B）基本的にはAであるが、その後の手入れなど賃借人の管理が悪く、損耗などが発生または拡大したと考えられるもの。

A（＋G）基本的にはAであるが、建物価値を増大させる要素が含まれているもの。

このうち、BおよびA（＋B）については、賃借人に原状回復義務があるとしています。

③経過年数の考慮

前記A（＋B）の場合であっても、自然損耗や通常損耗が含まれているものです。賃借人はその分を賃料として支払っていますので、賃借人の負担については、建物や設備の経過年数を考慮し、年数が多いほど賃借人の負担割合を減少させるのが適当としています。

④施工単位について

原状回復は毀損部分の復旧ですから、可能な限り毀損部分に限定し、補修工事はできるだけ最低限度の施工単位を基本とします。ただし、毀損部分と補修を要する部分とにギャップ（色あわせ、模様合わせなどが必要なとき）があるときの取扱いについては、一定の判断を示しています。

※詳細は「原状回復をめぐるガイドライン」（国土交通省）を参考にしてください。

Q 敷金が返還されないとき

敷金が返済されない理由をまず確認してください。その理由の中で最も多いのが、上記、原状回復義務のための費用と相殺（差し引く）したという場合です。

相手がなんだかんだといって、返済に応じる意思がないように見える場合には、各種の法律相談所で専門家の相談を受けるのがよいでしょう。

こうした場合、その費用が適正なものであるかどうかを、検討してください。法的な敷金の返還請求の手段としては、支払督促の申立て（簡易裁判所）、民事調停（簡易裁判所）、少額訴訟（訴額が60万円以下）、訴訟（訴額が１４０万円以下は簡易裁判所、１４０万円超は地方裁判所）があります。どうしても、支払わない場合には、勝訴の判決を得て、強制執行をすることになります。

5.定期建物賃貸借契約を終了させる手続き

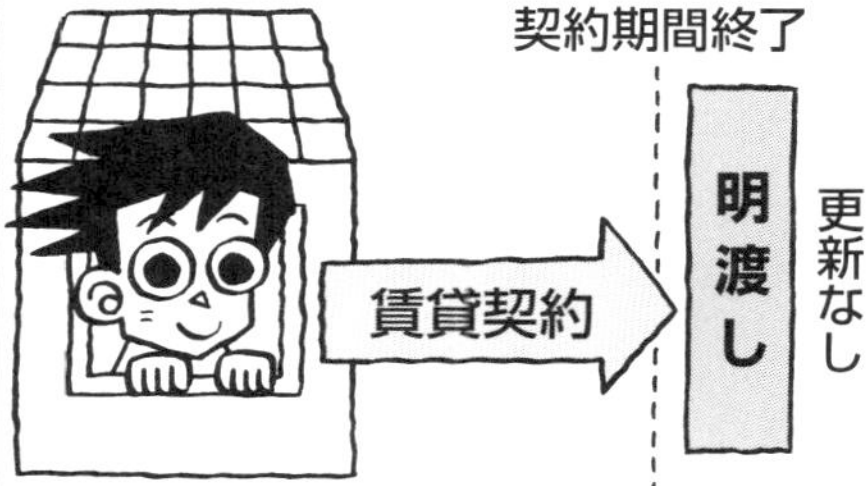
契約期間終了
更新なし
賃貸契約
明渡し

定期建物賃貸借契約に更新はありません。契約期間満了で契約は終了です（44ページ参照）。
ただし、契約期間満了日にいきなり明渡しを請求できるわけではないので注意が必要です。

貸主から賃借人に対し「賃貸契約が終了する旨の通知」をする必要があります。
※契約期間が1年未満のときには通知の必要ありません。

もうすぐ期間満了ですよ
そうですか
通知

❶ 定期建物賃貸借期間が1年以上である場合、通知期間内（期間満了の1年前から6カ月前までの間）に、貸主側は賃借人に対し、「賃貸期間が終了」する旨の通知をします。

❷ ❶の通知が、通知期間を経過した後に行なわれた場合、賃借人はその通知の日から、6カ月間は賃貸契約が継続するものとして借家を利用することができます。

❶ 通知期間内の通知の場合

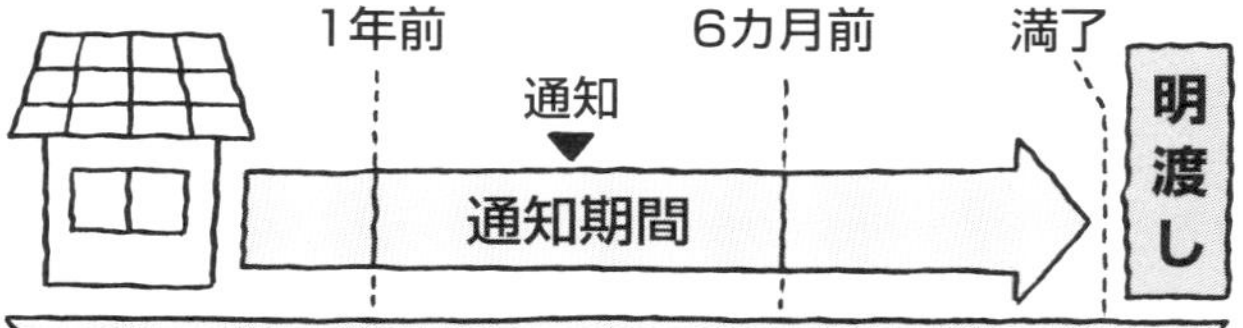
1年前
6カ月前
満了
通知
通知期間
明渡し

❷ 通知期間経過後の通知の場合

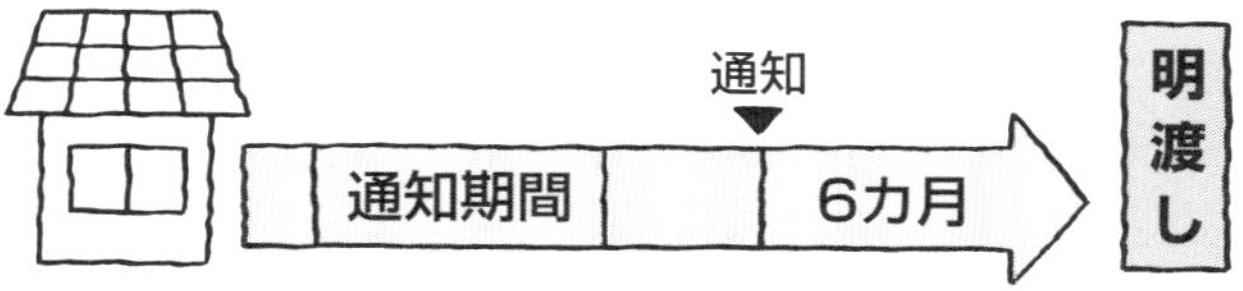
通知
通知期間
6カ月
明渡し

※本来の契約期間を過ぎた期間も賃料を支払う必要があります。

なお、定期建物賃貸借契約では原則として中途解約はできないことになっています。

期間満了はまだ先だけど
中途解約したい…

しかし一定の要件を満たす場合には賃借人側からの1カ月前の申入れによる中途解約が認められています（左ページ参照）。

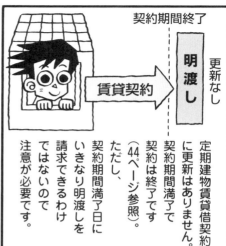

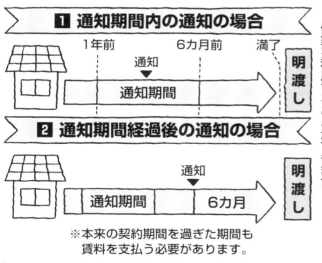

◆通知期間経過後の通知書

定期建物賃貸借終了のお知らせ

後記建物は、貴殿との間の平成28年3月1日付定期建物賃貸借契約にもとづき、賃貸期間5年間、契約の更新はしない、との約定にて賃貸致しました。

来たる令和3年3月1日には、前記賃貸期間の5年が満了し、同日をもって前記の定期建物賃貸借契約は終了致しますので、借地借家法第38条第4項ただし書の規定にもとづき、前記契約終了の旨を御通知致します。

よって、本条が貴殿に到達した日から6カ月経過後（令和3年6月末日）には、後記建物を原状に復して明け渡していただくこととなりますので、念のため御注意申し上げます。

建物の表示　——略——

令和2年12月29日

賃貸人　甲野　太郎㊞

賃借人　乙野　次郎　殿

＊注　本通知は通知期間（令和2年3月1日から同年8月末日まで）経過後の発送ですので、これが令和2年12月31日に賃借人に到達したと限定すれば、令和3年6月末日までは、賃借人に契約の終了を対抗できないことになります。

◆通知期間内の通知書

定期建物賃貸借終了のお知らせ

後記建物は、貴殿との間の平成28年3月1日付定期建物賃貸借契約にもとづき、賃貸期間5年間、契約の更新はしない、との約定にて賃貸致しました。

来たる令和3年3月1日には5年間の賃貸期間が満了しますので、同日をもって前記の定期建物賃貸借契約は終了致します。

よって、前記の契約第○条に記載のとおり、後記建物を原状に復して前記終了の日までに明け渡して下さるよう、借地借家法第38条第4項にもとづき御通知申し上げます。

建物の表示　——略——

令和2年7月25日

賃貸人　甲野　太郎㊞

賃借人　乙野　次郎　殿

＊注　本通知は、令和2年3月1日から令和2年8月末日（通知期間）までに到達することが必要です。

●賃借人の都合による中途解約の要件

賃借人の側から中途解約をするには、次の要件をすべて満たしている必要があります。

①賃借人に、転勤、療養、親族の介護などのやむを得ない事情があり、その建物を自己の生活の本拠として使用することが困難となったこと。

②建物の床面積が200平方メートル未満のものであること。

③右の条件を満たした上で、1カ月前の申入れによって中途解約すること。

なお、これ以外の内容による特約を結ぶこともできますが、その内容が賃借人側に不利となるものは、無効となります。

Q 賃借人が残していった家財道具の処分は

賃借人が家屋の明渡しに際して、家財道具を残していくような場合には、賃貸人（貸主）は賃借人から「明渡し後に家屋に残された財産は賃貸人が処分してよい」という同意書をとっておくとよいでしょう。その際には、処分費用についての取り決めも大切です。

また、こうした同意がない場合には、通常は捨てていったと考えられ、処分するに当たっては賃借人の同意は不要と思われますが、後で抗議されると面倒なことになりますので、保管して、出ていった元賃借人に連絡して処分するとよいでしょう。

元賃借人が不明の場合には、動産を競売して家賃債権や財産の保管費用を回収することになり、残金は供託することになりますが、結構、この手続きは煩わしいものです。

◆立退料をめぐる判例

	事案および立退料の額	貸主・賃借人側の事情		内容
住居として建物を使用	**◉転勤のため家主は賃貸したが転勤から戻り、自己使用のため明渡し請求で200万円の立退料提供で正当事由を補完した例** **明渡し認容** ▶東京地裁昭和56年1月30日判決	**〔貸主側の事情〕** ・会社役員、地方転勤のため賃貸。 ・再び転勤で戻ったときは立退いてもらいたい旨、話していた。 ・立退きがないためアパート住まい。	**〔賃借人側の事情〕** ・夫婦子供の7人の家族。 ・10数年間、居住し、地域に密接な生活基盤をもっている。	・双方の利害関係そのほか諸般の事情を比較考慮すると、解約申入に正当事由があるといえないが、現下の借家事情から、本件建物付近に借家を入手することは困難でなく、他に移転することにより被るべき財産上の損害を補償できる立退料の支払いで正当事由を補完。
住居として建物を使用	**◉マンションへの建替えで借家権価格プラス移転費の提供により正当事由ありとされた例** **明渡し認容** ▶大阪地裁昭和57年7月19日判決	**〔貸主側の事情〕** ・賃貸マンションの建替を理由とする解約申入れ。 ・建物の老朽化。 ・敷地の非効率性及び周囲の状況。	**〔賃借人側の事情〕** ・借主らは、いずれも30年以上居住しており高齢者が大半。 ・立退料の額次第で立ち退く意思がある。	・建物の老朽化、敷地の非効率性、周辺の状況の他、調停、和解等を通じての貸主の対応などの事情を考慮し、立退料の提供により正当事由を補完しうる。 ・立退料の額は、借家権価額のみでは不十分で、移転費用の他、借主の個別事情を重視して決定。
店舗として建物を使用	**◉自己の経営する店の駐車場として使用することを理由に立退料300万円の提供により正当事由ありとされた例** **明渡し認容** ▶東京高裁昭和58年5月31日判決	**〔貸主側の事情〕** ・目的店舗東側に接する大衆食堂経営。目的店舗を取り壊して、跡地に駐車場(2～3台)を作り、看板を設置する目的で立退請求。 ・食堂改築時の借金返済が毎月20万円ある。	**〔賃借人側の事情〕** ・婦人服仕立て業、会社員の夫（収入月13万）と子供の3人家族。 ・借主の収入1月平均9万円。家賃を引くと6万6000円。 ・最近の営業内容は需要が減少傾向。	・借主が、本件店舗における収益と同程度の収入を上げるのに、本件店舗における営業を継続するのが唯一といえない。 ・他の店舗に移転するのに要する費用（権利金、敷金、賃料増額分の相当期間の差額)、減収相当額を塡補する相当額の立退料の支払いで、正当事由が具備される。
店舗として建物を使用	**◉建物の老朽化を理由にしたビルの建替えで、立退料3億4000万円で正当事由ありとされた例** **明渡し認容** ・立退料は1㎡当り約269万円×106.95㎡ ・休業補償額250万円×21カ月 ▶東京地裁昭和56年5月28日判決	**〔貸主側の事情〕** ・昭和51年売買により本件建物の所有者となり承継。 ・本件建物は老朽化し耐震安全性も十分でなく、取り壊して新築にする必要がある。 ・本件建物周辺を一体として敷地とする共同ビル建設計画がある。	**〔賃借人側の事情〕** ・大衆中華料理店を経営しており従業員23名。売上げは年間1億3000万円位（営業利益は2000万円位）で深夜営業による売上げが3分の2を占めている。周辺地域で現在の営業形態ができる店舗を見つけることは困難。	・老朽建物で耐震性の危険性を否定できない。本件建物は新橋駅前の土地の高度利月の望ましい場所に立地し、貸主の新建物建築計画も具体化しており、他の明渡し交渉が全て完了している。借主の経済的損失は立退料でカバーできるとして立退請求を認めた。

第5章・賃貸建物のトラブルと解決法

1.紛争の解決はどうするか

賃貸建物ついて問題が生じた場合、できれば当事者間の話合いで解決したいものです。
そういうわけですから…
こちらとしては…
はじめからケンカ腰では話合いになりません。
訴えてやる
また、実際に訴訟となれば、金銭的時間的負担はかなりのものです。
だけど法律のことはよくわからない
そんなときの相談先があります
都道府県の法律相談所
どうされました？
各都道府県等では専門の相談員を置いて無料で法律相談に応じています。連絡先は各自治体の便利帳などをご覧ください。
弁護士会の法律相談
それは
お困りですね
各地区の弁護士会は法律相談センターを開設し、有料で相談に応じています。連絡先158ページ。紛争解決センターがある弁護士会もあります。
日本司法支援センター
ご安心ください
相談
日本司法支援センター（愛称法テラス）は全国に50の事務所があり、法律情報提供、民事法律扶助などを行っています。（コールセンター）☎0570-078374
しかし賃貸問題では双方の利害が対立することが多く
話合いでの解決には限界があります。
そのようなときは裁判所の力をかりることになります。

1 民事調停による解決

民事に関する紛争について訴訟によって争うことを避け、当事者が互いに譲歩して条理にかない実情にあった解決をすることを目的としているのが民事調停です（民事調停法1条）。

152ページで詳しく説明します。

調停は、話合いの場としてもっとも条件のそろった方法です。これを利用して、まずは穏便な解決を図るのがよいでしょう。
なお、建物の賃貸借にかかわる賃料（家賃）の増減に関する事件は、いきなり訴訟ではなく、まずは調停によって解決を図らなければならないとされています。

※調停前置主義⬇67ページ参照

2 裁判上の和解による解決

裁判上の和解とは、紛争当事者が裁判所の面前でお互いの主張を譲歩して争いをやめることをいいます。
訴え提起前の和解（即決和解）と、訴訟上の和解とがあり、和解条項には確定判決と同じ効力があります。

3 訴訟による解決

※154ページ参照

訴訟とは紛争・利害の衝突を法律的に調整して解決するために、裁判によって利害関係者を当事者として関与させ審理・判決を出す手続きのことです。

Q 法律相談のポイントは

法律相談をしたいときは、まず、その法律相談所に電話等の連絡をしてください。そして、相談日時や持っていく資料などの確認をすることが大切です。相談所によっては、予約が必要なところもあります。

相談所に行く場合には、次を点に注意してください。

①資料等の準備
②相談する内容の確認（メモにしておくとよい）
③筆記用具などの準備

また、相談では次の点に注意してください。

①相談時間は、通常30分から1時間程度ですので、要領よく質問すること
②事実を客観的に要領よく述べる（嘘をつかない）
③自分の都合のよいことばかり言って、都合の悪いことは言わない、といったことは絶対にしないこと
④自分の不満を愚痴るところではないことに注意する

2.支払督促の申立てと手続き

たとえば
賃借人が家賃を払ってくれません
裁判所に支払督促を申立ててはいかがです？
相談
裁判所…
お金も時間もかかるのでは…
支払督促とは、簡易迅速な手続きで債務名義を取得するための手続きです。
壱万円
この手続きは、金銭や有価証券など一定数料の給付を目的とするものに限られます（民事訴訟法382条）。
ただし支払督促ができるのは
相手の住所か居所がわかっている場合だけです

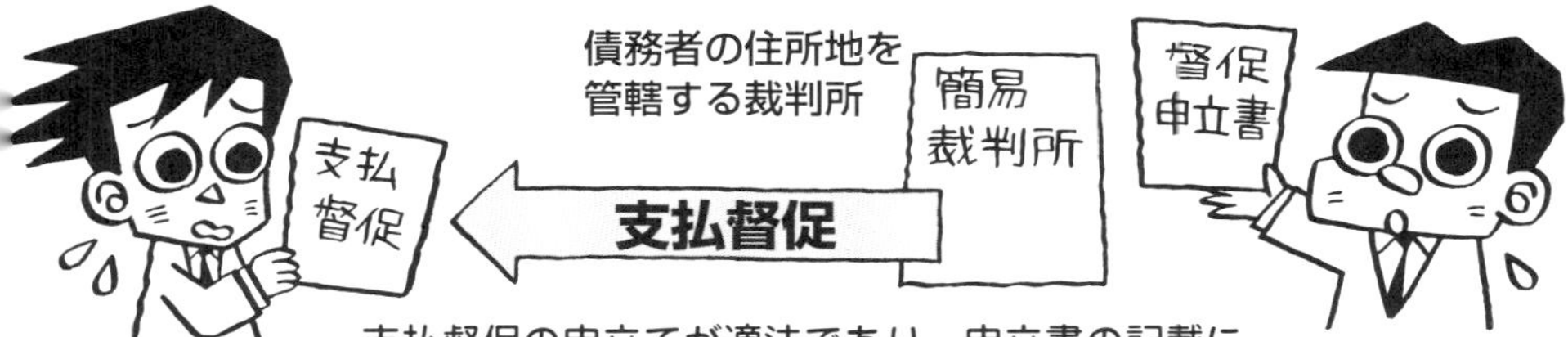
督促申立書
債務者の住所地を管轄する裁判所
簡易裁判所
支払督促
支払督促
債務者
債権者

支払督促の申立てが適法であり、申立書の記載によって理由があると認められるとき、裁判所は証拠調べをすることなく支払督促書を発行する。

仮執行宣言付支払督促
支払督促は裁判所から債務者に送達され、送達後2週間以内に債務者から異議申立てがなければ、それから30日以内に債権者の申立てにより仮執行宣言が付されます。
仮執行宣言付支払督促が債権者に送達され2週間以内に債務者から異議申立てがないと確定し、これは確定判決と同一の効果があります。
仮執行宣言付支払督促
これを債務名義に強制執行できる
納得できません
異議
ただし異議申立て期間内に債務者が異議申立てをすると通常の訴訟に移行することになります（154ページへ）。
通常の訴訟へ

◆支払督促申立書サンプル

支払督促申立書

請求事件

当事者の表示　　別紙当事者目録記載のとおり

請求の趣旨及び原因　　別紙請求の趣旨及び原因記載のとおり

「債務者　　は，　　債権者に対し，請求の趣旨記載の金額を支払え」

との支払督促を求める。

申立手続費用　金　　円

内　　訳

①申立手数料（印紙）　　円

②支払督促正本送達費用（郵便切手）　　円

③支払督促発付通知費用　　円

④申立書作成及び提出費用　　円

⑤資格証明手数料　　円

令和　　年　　月　　日

住　　所：〒
（所在地）

債権者氏名：
（名称及び代表者の資格・氏名）　　印

（電 話：　　）

（FAX：　　）

簡易裁判所　裁判所書記官　殿

価額　　円

貼用印紙　　円

郵便切手　　円

葉書　　枚

添付書類　□資格証明書　　通

□　　通

□　　通

受付印

貼用印紙	円	
郵便切手	円	
葉書	枚	

※　上記用紙については，太い黒枠内について記入してください。
項目を選択する場合には，□欄に「✓」を付してください。

3.調停申立ての仕方と手続き

賃貸借のトラブルについての調停（宅地建物調停事件）は、紛争の目的となっている土地建物の所在地を管轄する簡易裁判所または地方裁判所（当事者間の合意で定めた場合）に申立てます。

申立ては口頭でもできることになっていますが、実際はほとんどが書面で行なわれています。

左ページ参照

費用は、訴訟の場合の約4～5割と安くすみます。

157ページ参照

調停の申立てがあると、調停委員会は調停期日を定めて当事者を呼出します。調停は本人出頭主義がとられているので、正当な理由なく出頭しないと、5万円以下の過料に処せられます（民事調停法34条）。

調停は、法定で争われる訴訟とは違います。調停委員会（裁判官と調停委員2名）と当事者（申立人と相手方2名）が非公開の調停室で話合うスタイルが基本型です。

調停が成立したら調停調書を作成します。

調書には確定判決と同一の効力があり、相手が調書の内容を履行しないときには強制執行することができます。

調停が成立しなければ、訴訟によって解決するしかありません。

154ページ参照

◆家屋明渡請求の調停申立書サンプル

調停事項の価額　円 ちょう用印紙　円 予納郵便切手　円		民事一般
（資料等） **調停申立書** ○○簡易裁判所　御中		受付印
作成年月日	平成○○年○月○日	
申　立　人	住所（所在地）（〒○○○－○○○○） 氏名（会社名・代表者名）（☎　－　－　） （ＦＡＸ　） ㊞	
相　手　方	住所（所在地）（〒○○○－○○○○） 氏名（会社名・代表者名）（☎　－　－　）	
申　立　て の　趣　旨		
紛争の要点	後記記載のとおり	
上記の通り調停を求めます。		

紛争の要点	
1　賃貸借契約の内容 －内容省略－ 2　賃料改定の理由 －内容省略－ 3　未払い賃料 －内容省略－ 4　供託の有無 －内容省略－ 5　その他	
添付書類	

（注）本訴状は東京簡易裁判所の調停申立書の例です。書式は裁判所に用意されています。

4.訴訟の仕方と手続きの流れ

民事訴訟は私人間の生活上のトラブルを国家の裁判権によって法律的かつ強制的に解決するための手続きです。

訴訟により判決を得ると判決を債務名義として相手方に対し強制執行をすることができます。

民事訴訟の手続き

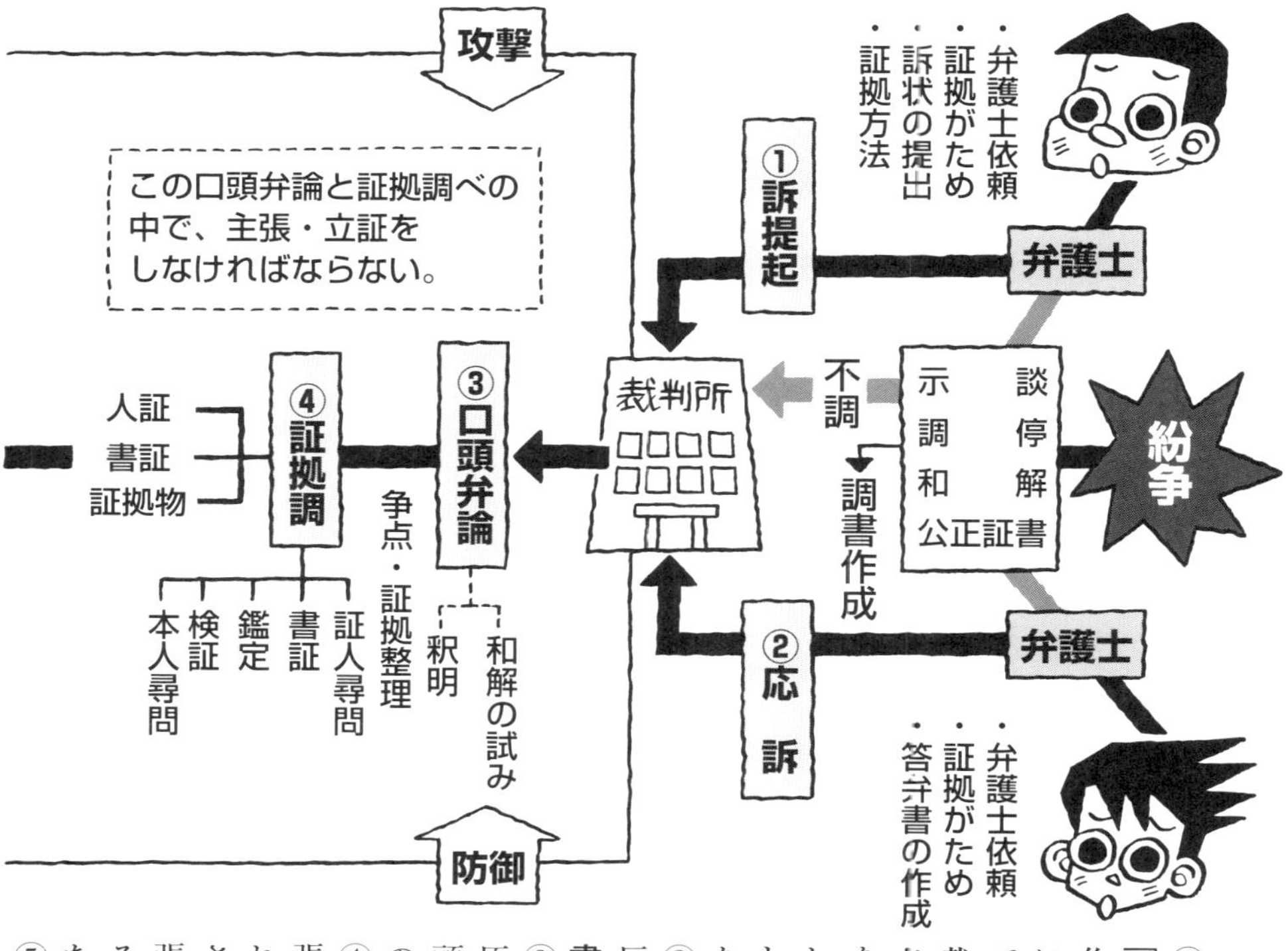

①民事訴訟は、原告が「**訴状**」という書面を作成して管轄の裁判所に提出することによって開始されます。

裁判所は、訴状に記載された権利主張の当否を判断するだけで、それを超えて裁判することは許されないことになっています。

②これに対し、被告は、反論を記載した「**答弁書**」を提出します。

③**口頭弁論期日**には、原告・被告が法廷に出頭し、口頭でそれぞれの主張を陳述します。

④原告・被告双方の主張があらかた提出され、事件の輪郭が整理されると、どちらの主張が正しいかを決定するための**証拠調べ**が行なわれます。

⑤訴訟の途中、判決の

◆通常訴訟と少額訴訟

訴訟には少額訴訟と通常訴訟とがあります。

少額訴訟は、訴訟の目的の価額（訴額）が60万円以下の場合で簡易裁判所に申立てます。訴額が60万円を超える場合には通常訴訟となり、この通常訴訟は訴額が140万円以下は簡易裁判所に140万円超は地方裁判所に申立てます。

通常訴訟の手続きは下表のとおりです。

〔少額訴訟〕

少額訴訟は、原則として一日で審理が終わり、その日のうちに判決がでるという簡易迅速な手続きです。

弁護士に訴訟を依頼するのではなく、相手が争ってくる可能性が少ない場合などで、勝訴の判決を得たいときなどに活用するとよいでしょう。

各簡易裁判所には、少額訴訟についてのパンフレットや申立書が用意されています。

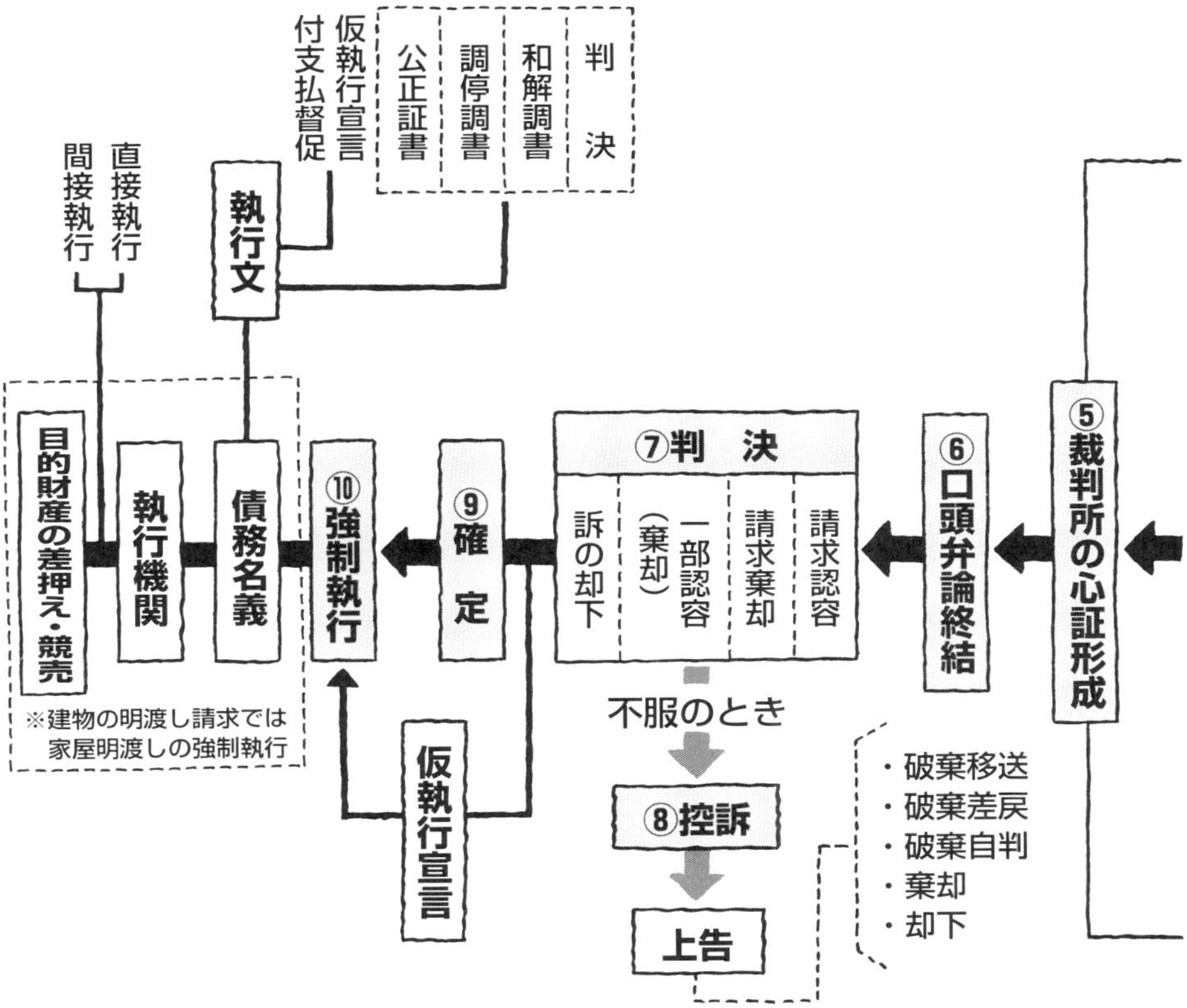
⑤裁判所の心証形成
⑥口頭弁論終結
⑦判　決
請求認容
請求棄却
一部認容（棄却）
訴の却下
不服のとき
⑧控訴
上告
・破棄移送
・破棄差戻
・破棄自判
・棄却
・却下
⑨確　定
仮執行宣言
⑩強制執行
債務名義
執行機関
目的財産の差押え・競売
※建物の明渡し請求では家屋明渡しの強制執行
執行文
直接執行
間接執行
判　決
和解調書
調停調書
公正証書
仮執行宣言付支払督促

前に、裁判官が原告・被告に**和解**をすすめることもあります。

⑥**口頭弁論が終結**すると、判決の言渡しの日が指定されます。

⑦**判決**が言渡され、その数日後には、原告・被告のもとへ判決正本が送達されます。

⑧判決の内容に不服のときは、判決送達後14日以内に**控訴**の申立てをします。

⑨判決送達後14日以内に控訴の申立てがなければ、その判決は**確定**します。

⑩原告勝訴の場合、判決を債務名義として**強制執行**など権利の行使をすることになります。判決に**仮執行宣言**が付いている場合は、判決の確定を待たずに判決後の手続きがとれます。

◆敷金返還を求める少額訴訟の訴状サンプル

訴　　状

事件名□貸金、□売買代金、□請負代金、☑敷金返還、□賃料・管理費、□賃金、□解雇予告手当、□損害賠償（物損）、□請求事件

☑少額訴訟による審理及び裁判を求めます。

□本年、私が貴裁判所において少額訴訟による審理及び裁判を求めるのは　回目です。

東京簡易裁判所　御中

<table>
<tr><td rowspan="3">原告</td><td colspan="2">〒
住　所
氏　名
TEL　　－　　－　　FAX　　－　　－</td></tr>
<tr><td rowspan="2">送達場所等の届出</td><td>原告に対する書類の送達は、次の場所に宛てて行ってください。
□上記住所等
□勤務先　名　称
　　　　　住　所
TEL　　－　　－
□その他の場所（原告等との関係）
　　　　　住所
TEL　　－　　－</td></tr>
<tr><td>□原告に対する書類の送達は、次の次の人に宛てて行ってください。
氏　名</td></tr>
<tr><td rowspan="2">被告</td><td colspan="2">〒
住　所
氏　名
TEL　　－　　－　　FAX　　－　　－</td></tr>
<tr><td colspan="2">勤務先の名称及び住所
TEL　　－　　－</td></tr>
</table>

※受領印・印紙・予納郵券・収入印紙欄省略

<table>
<tr><td colspan="2">請求の趣旨</td></tr>
<tr><td colspan="2">□1　請　求　金　額　　　　円
□2　上記1の金額に対する平成　　年　　月　　日から支払済みまで
年　　パーセントの割合による遅延損害金</td></tr>
<tr><td colspan="2">紛　争　の　争　点

</td></tr>
<tr><td>添付書類</td><td></td></tr>
</table>

（注）本訴状は東京簡易裁判所の少額訴訟の例です。書式は裁判所に用意されています。

調停・訴え・控訴・上告の提起の手数料（貼用印紙額）

訴額		訴状・反訴状・独立当事者参加の申出書・共同訴訟参加の申出書	控訴状（請求について判断しなかった判決に対するものを除く）	上告状（請求について判断しなかった判決に対するものを除く）	支払督促申請書・異議申立により本訴になったときの追加額	和解から本訴になったときの追加額（和解の申立て2,000円）	民事調停法による調停申立書	調停から本訴訟になったときの追加額
万円		円	円	円	円	円	円	円
10	10万円までごとに1000円	1,000	1,500	2,000	500	0	500	500
20		2,000	3,000	4,000	1,000	0	1,000	1,000
30		3,000	4,500	6,000	1,500	1,000	1,500	1,500
40		4,000	6,000	8,000	2,000	2,000	2,000	2,000
50		5,000	7,500	10,000	2,500	3,000	2,500	2,500
60		6,000	9,000	12,000	3,000	4,000	3,000	3,000
70		7,000	10,500	14,000	3,500	5,000	3,500	3,500
80		8,000	12,000	16,000	4,000	6,000	4,000	4,000
90		9,000	13,500	18,000	4,500	7,000	4,500	4,500
100		10,000	15,000	20,000	5,000	8,000	5,000	5,000
120	20万円までごとに1000円	11,000	16,500	22,000	5,500	9,000	5,500	5,500
140		12,000	18,000	24,000	6,000	10,000	6,000	6,000
160		13,000	19,500	26,000	6,500	11,000	6,500	6,500
180		14,000	21,000	28,000	7,000	12,000	7,000	7,000
200		15,000	22,500	30,000	7,500	13,000	7,500	7,500
220		16,000	24,000	32,000	8,000	14,000	8,000	8,000
240		17,000	25,500	34,000	8,500	15,000	8,500	8,500
260		18,000	27,000	36,000	9,000	16,000	9,000	9,000
280		19,000	28,500	38,000	9,500	17,000	9,500	9,500
300		20,000	30,000	40,000	10,000	18,000	10,000	10,000
320		21,000	31,500	42,000	10,500	19,000	10,500	10,500
340		22,000	33,000	44,000	11,000	20,000	11,000	11,000
360		23,000	34,500	46,000	11,500	21,000	11,500	11,500
380		24,000	36,000	48,000	12,000	22,000	12,000	12,000
400		25,000	37,500	50,000	12,500	23,000	12,500	12,500
420		26,000	39,000	52,000	13,000	24,000	13,000	13,000
440		27,000	40,500	54,000	13,500	25,000	13,500	13,500
460		28,000	42,000	56,000	14,000	26,000	14,000	14,000
480		29,000	43,500	58,000	14,500	27,000	14,500	14,500
500		30,000	45,000	60,000	15,000	28,000	15,000	15,000
550	50万円までごとに2000円	32,000	48,000	64,000	16,000	30,000	16,000	16,000
600		34,000	51,000	68,000	17,000	32,000	17,000	17,000
650		36,000	54,000	72,000	18,000	34,000	18,000	18,000
700		38,000	57,000	76,000	19,000	36,000	19,000	19,000
750		40,000	60,000	80,000	20,000	38,000	20,000	20,000
800		42,000	63,000	84,000	21,000	40,000	21,000	21,000
850		44,000	66,000	88,000	22,000	42,000	22,000	22,000
900		46,000	69,000	92,000	23,000	44,000	23,000	23,000
950		48,000	72,000	96,000	24,000	46,000	24,000	24,000
1,000		50,000	75,000	100,000	25,000	48,000	25,000	25,000
以下10億円まで100万円までごとに		3,000	4,500	6,000	1,500	3,000	1,200	1,800
以下50億円まで500万円までごとに		10,000	15,000	20,000	5,000	10,000	4,000	6,000
以下50億円まで1,000万円までごとに		10,000	15,000	20,000	5,000	10,000	4,000	6,000

▶この他にも予納郵券（郵便切手）が必要です。裁判所の窓口で確認してください。

5.弁護士に頼むにはどうするか

弁護士ってどうやって探してどう頼むんだろ…
親戚や友人知人に紹介してもらえればよいのですが
紹介してくれる人がいないときは、各地の弁護士会で法律相談を利用し弁護士を紹介してもらうことです。
相談
実は…
どのようなトラブルですか？
弁護士に会うときは前もって予約をとり事件の整理をし、書類を全部持って行きましょう（自分の考えで取捨選択しない）。なお、費用は各弁護士が定めますので、最初に話合っておくことです。

全国の弁護士会の電話番号一覧 ※ひまわりお悩み110番 0570-783-110

弁護士会名	電話番号
日本弁護士連合会	03－3580－9841
札幌弁護士会	011－281－2428
函館弁護士会	0138－41－0232
旭川弁護士会	0166－51－9527
釧路弁護士会	0154－41－0214
仙台弁護士会	022－223－1001
福島県弁護士会	024－534－2334
山形県弁護士会	023－622－2234
岩手弁護士会	019－651－5095
秋田弁護士会	018－862－3770
青森県弁護士会	017－777－7285
東京弁護士会	03－3581－2201
第一東京弁護士会	03－3595－8585
第二東京弁護士会	03－3581－2255
神奈川弁護士会	045－211－7707
埼玉弁護士会	048－863－5255
千葉県弁護士会	043－227－8431
茨城県弁護士会	029－221－3501
栃木県弁護士会	028－689－9000
群馬弁護士会	027－233－4804
静岡県弁護士会	054－252－0008
山梨県弁護士会	055－235－7202
長野県弁護士会	026－232－2104
新潟県弁護士会	025－222－5533
愛知県弁護士会	052－203－1651
三重弁護士会	059－228－2232
岐阜県弁護士会	058－265－0020

弁護士会名	電話番号
福井弁護士会	0776－23－5255
金沢弁護士会	076－221－0242
富山県弁護士会	076－421－4811
大阪弁護士会	06－6364－0251
京都弁護士会	075－231－2378
兵庫県弁護士会	078－341－7061
奈良弁護士会	0742－22－2035
滋賀弁護士会	077－522－2013
和歌山弁護士会	073－422－4580
広島弁護士会	082－228－0230
山口県弁護士会	083－922－0087
岡山弁護士会	086－223－4401
鳥取県弁護士会	0857－22－3912
島根県弁護士会	0852－21－3225
香川県弁護士会	087－822－3693
徳島弁護士会	088－652－5768
高知弁護士会	088－872－0324
愛媛弁護士会	089－941－6279
福岡県弁護士会	092－741－6416
佐賀県弁護士会	0952－24－3411
長崎県弁護士会	095－824－3903
大分県弁護士会	097－536－1458
熊本県弁護士会	096－325－0913
鹿児島県弁護士会	099－226－3765
宮崎県弁護士会	0985－22－2466
沖縄弁護士会	098－865－3737

弁護士報酬等基準額

日本弁護士連合会・報酬等基準規程による
※本表は平成16年3月末までで廃止され、各弁護士が各自定めることになっていますが、参考のため掲載。

	法律相談料・書面による鑑定料
法律相談	初回市民法律相談料　30分ごとに5000円～1万円の範囲内の一定額 一般法律相談料　30分ごとに5000円以上2.5万円以下
書面による鑑定	10万円～30万円の範囲内の一定額

② 民事事件（着手金・報酬金）

事件等	着手金・報酬金
(a) 訴訟事件、非訟事件、家事審判事件、行政審判等事件および仲裁事件	事件の経済的利益の額が　着手金　報酬金 300万円以下の部分　8％　16％ 300万円を超え3000万円以下の部分　5％　10％ 3000万円を超え3億円以下の部分　3％　6％ 3億円を超える部分　2％　4％ ＊ 事件の内容により、それぞれ30％の範囲内で増減額できる ＊ 着手金の最低額は10万円。ただし、経済的利益の額が125万円未満の事件の着手金は、事情により10万円以下に減額することができる
(b) 調停事件および示談交渉事件（裁判外の和解交渉）	(a)に準ずる ＊ それぞれにより算定された額の3分の2に減額できる ＊ 着手金の最低額は10万円。ただし経済的利益の額が125万円未満の事件の着手金は、事情により10万円以下に減額できる

③ 裁判外の手数料

項目	分類		手数料
法律関係調査（事実関係調査を含む）	基本		5万円～20万円の範囲内の額
	特に複雑または特殊な事情がある場合		弁護士と依頼者との協議により定める額
契約書類およびこれに準ずる書類の作成	定型	経済的利益の額が1000万円未満のもの	5万円～10万円の範囲内の額
		経済的利益の額が1000万円以上1億円未満のもの	10万円～30万円の範囲内の額
		経済的利益の額が1億円以上のもの	30万円以上
	非定型	基本	300万円以下の部分　10万円 300万円を超え3000万円以下の部分　1％ 3000万円を超え3億円以下の部分　0.3％ 3億円を超える部分　0.1％
		特に複雑または特殊な事情がある場合	弁護士と依頼者との協議により定める額
	公正証書にする場合		上の手数料に3万円を加算する
内容証明郵便作成	弁護士名の表示なし	基本	1万円～3万円の範囲内の額
		特に複雑または特殊な事情がある場合	弁護士と依頼者との協議により定める額
	弁護士名の表示あり	基本	3万円～5万円の範囲内の額
		特に複雑または特殊な事情がある場合	弁護士と依頼者との協議により定める額

④ 日当

半日（往復2時間を超え4時間まで）	3万円以上5万円以下
1日（往復4時間を超える場合）	5万円以上10万円以下

＊ 弁護士は、依頼者と協議のうえ、上の額を適正妥当な範囲内で増減額できる
＊ 弁護士は概算により、あらかじめ依頼者から日当を預かることができる

◆弁護士費用の目安

※本表は、弁護士に報酬について聞いたアンケート結果です。
（2008年アンケート結果版：日本弁護士会連合会）

建物明渡

Aさんは Bさんに1戸建ての建物（建物の時価1000万円、土地の時価1500万円）を貸していたところ、資料（1カ月10万円）の不払いが続いていた。

（1）訴訟―原告
Aの依頼を受けて原告として訴訟を起こし、全面勝訴して任意の明渡があった。

（2）訴訟―被告
被告のBの依頼を受けた。和解により6カ月の明渡猶予を認められ、家賃相当損害金（6カ月分で60万円）の支払いも免除された。

（1）訴訟―原告
着手金
30万円……52％
50万円……18％
報酬金
60万円……37％
100万円……18％

（2）訴訟―被告
着手金
20万円……59％
30万円……27％
報酬金
10万円……36％
20万円……35％

〔著者紹介〕

吉田　杉明（よしだ　すぎあき）

昭和21年生まれ。

明治大学法学部卒業。第一東京弁護士会所属。

著書に「イラスト六法わかりやすい相続」「司交通事故」「同賃貸住宅」(以上、いずれも自由国民社刊)などを含め多数あり。

東京三弁護士会交通事故処理委員会委員、東京地方裁判所建築紛争部の調停委員などを歴任し、扱っている事案は、会社法務全般・建築紛争・民事再生・独禁法違反・刑事事件・相続・交通事故・賃貸借契約書等多種多様である。

山川　直人（やまかわ　なおと）
昭和37年生まれ。漫画家。都立小石川高校を卒業後、同人誌活動を経て、昭和57年「おおかみくん」(「くりくり」連載) でデビュー。
著書に「コーヒーもう一杯」「口笛小曲集」(エンターブレイン)、「あかい他人」(秋田書店)、「イラスト六法シリーズ」「マンガ法律の抜け穴・男と女のバトル篇」(自由国民社刊) などがある。

※第７版において「わかりやすい借家」から「わかりやすい賃貸住宅」に改題しました。

［イラスト六法］わかりやすい　賃貸住宅

1989年９月10日　第１版第１刷発行
2020年９月４日　第７版第１刷発行

著　　者　吉田杉明
発 行 者　伊藤　滋
印 刷 所　奥村印刷株式会社
製 本 所　新風製本株式会社

発行所　株式会社　自由国民社
東京都豊島区高田３－10－11
郵便番号〔171-0033〕　振替東京00100-6-189009
TEL.〔営業〕03(6233)0781　(編集)03-6233-0786
http://www.jiyu.co.jp/